从留级生到科学家

我的自学方法◎科研◎经历

胡守生 著

江蘇鳳凰教育出版社
Phoenix Education Publishing, Ltd

图书在版编目（CIP）数据

从留级生到科学家 / 胡宁生编著. -- 南京 : 江苏凤凰教育出版社，2018.10（2019.7 重印）
ISBN 978-7-5499-7613-3

Ⅰ. ①从… Ⅱ. ①胡… Ⅲ. ①胡宁生—自传 Ⅳ. ①K826.14

中国版本图书馆CIP数据核字（2018）第225681号

书　　名　从留级生到科学家
著　　者　胡宁生
责任编辑　刘　芳　姚　喆
装帧设计　卞　磊
出版发行　江苏凤凰教育出版社（南京市湖南路1号A楼　邮编210009）
苏教网址　http://www.1088.com.cn
照　　排　南京凯建图文制作有限公司
印　　刷　江苏中山印务有限公司（电话：0511－86917816　86917818）
厂　　址　丹阳市朝阳路1－3号
开　　本　787mm×1092mm　1/16
印　　张　7
版　　次　2018年10月第1版
　　　　　2019年7月第2次印刷
书　　号　ISBN 978－7－5499－7613－3
定　　价　30.00元
网店地址　http://jsfhjycbs.tmall.com
公 众 号　江苏凤凰教育出版社（微信号：jsfhjyfw）
邮购电话　025－85406265，025－85400774，短信02585420909
盗版举报　025－83658579

前　言

这是一本自传体的书，作者以亲身经历告诉家长：小孩的小学成绩不好不要紧（马云 2017 年也如此说），只要他不是特殊儿童，而且能在刚成年时采用本书作者实践成功的方法努力自学，就也能成才。

德国科学家康拉德·赫尔曼（前民主德国驻华大使馆科技参赞）一见此书手稿就大为赞赏，自告奋勇将其译成德文。

本书有不少内容是作者自己的科研经验。鉴于很少有人会总结自己一生的科研经验，因此本书很适合理工科大学生和研究生阅读。文科生可能不易看懂书中的科研内容，但对这些已列为附录的内容，他们可以选择不看。

本书倡议，应大幅削减学生的课程内容，使青少年摆脱他们繁重的学习负担。可喜的是，中国的自学成才者是有光明的前途的。

相信读者还没见过前言以小品形式结尾的：话说，本书问世后，某市的房地产商和名校校长紧急地召开了一个专门对付该书的研讨会。因为该书说，小学生不一定上名校，甚至留级都不要紧，因为即使这样，将来他也可成才。试想读者如中了他的邪，那么名校的生源岂不是要大打折扣，而且学区房的房价也将大幅跳水。会后，专门小组立即行动，首先是审查该书作者自封的“科学家”称号。好在他不是院士，应该不难证明他够不上“科学家”的称号，那么就可全盘否定他的“歪理”，他的书也会成为一堆废纸。

1个月后，该小组提交的报告说，经审查，该书的作者倒真算得上是“科学家”，甚至还是“世界级”的。看来要否定此书，已不大可能。

但是该小组还是献上了一个对策，就是建议财大气粗的房地产商把那该死的书用高价全部买下来，并立刻送到造纸厂化成纸浆，而且该书印多少，房地产商就买多少，看谁能耗得过谁！

胡宁生

2017年10月

目 录

目录

第一章　无知的童年

我的童年

我生长于一个经济算是中上等的书香家庭，父亲是报人，母亲是上过师范的知识妇女。家里共有兄弟姐妹五人，住在上海延安西路一个叫“美丽园”的西式弄堂的连排三层洋房内。西式弄堂和中式石库门弄堂的明显区别是：石库大门紧闭，路人休想一睹墙内风光，而西式弄堂的每户门前都有一个小花园，路人可通过铁栏杆一览园内的一草一木。

我家的栏杆上爬满了木樨花。每逢春天，墙上都点缀着朵朵小花并伴有四溢的醉人清香。

那时父亲在外地工作，因而难得见到他。家务全由堂姐操持，她童年丧父，又吃过后娘的不少苦头。她从胡村乡下投奔我家时才 17 岁，但已深谙世故了，她不但心地善良，而且待人处事都十分得体。

20 世纪 40 年代，日军占领了上海，市政等一切由汪伪政府管理着。表面上根本看不出处于战时，只是偶尔可见躺在路边的倒毙穷人，但那尸体不久就会被标有普善山庄的马车收走。

中西女中介绍

书香门第自然会把子女送入好一些的学校，即使那样的学校费用很高。就这样，我有幸上了中国近代很有名的上海中西女中的附小。虽是女中，但小学兼收男生，这大概是因为男女小时候还没太大差别，不会发生授受不亲的事情，就连外国人也持此见。但是英国人就不论婴儿是男是女，一律称中性的它。

中西女校很值得一提。她是由美国基督教会于 1892 年创立的，除汉语课外，全采用美式教育。中学女生需住校，管教虽严但又富有人情味，以至于几十年后的老校友都说，她一生中最幸福的时光就是在中西女中度过的。该校刻意将那些娇生惯养的贵族千金小姐调教成既有文化修养又素质高雅，而且会处世立身的名媛，其难度可想而知了。

中西女中附小

我是从小学三年级开始有英语课的，用的是美国小学生的课本，彩图精装，纸张精良，可那课本却是校方借给学生的。学期一结束，校方即收回课本，好在开学后发给新升上来的学生。记得那时学英语类似做游戏，老师说 HAPPY，那么胸前挂着那些字母的学生就要上台来，然后按正确次序排出 HAPPY，还真起到了事半功倍之效呢！

午餐时，学生进入餐厅，会听到优雅的钢琴声，原来是音乐教师在弹奏。每人取一个餐盘，自助取食。老师教导我们，粮食是上帝所赐，而且还要农夫出汗去种，所以不能浪费，留半片面包都不行。用餐时，既不能讲话，又不能让餐具发出任何声响。多年后，我在解放军航校与那些国民党空军人员同为教员时，从他们口中得知，国民党的飞行员在用餐时也是鸦雀无声的，一旦出声，就会有区队长站起来大声呵斥。

学校每周会做一次礼拜，我从不注意牧师在讲什么。只记得总会从邻座传来一只深口袋，你要捐钱，就可以往口袋里塞钱，接着你再把口袋传给下个人。那时我常担心，会否有人不但不塞，反而往外偷呢！

做完礼拜就是唱校歌，这个中学的校歌竟比大学的气魄还大，不信且看下文。

中西女中校歌

扬子江滨兮歇浦傍，有女校兮世界光，（上海的黄浦江曾名歇浦）

春风和蔼兮读书堂，教人处世立身方；

幼而学长为民所望，邦之英俊国之梁，

积中发外兮端且庄，凭将学识整纪纲；

更愿身心健与康，驰誉中西翰墨场，

智圆行方柔而刚，转移风俗兮趋纯良；（“智圆行方”是校训）

精神永兮岁月长，勤勤恳恳名显扬，

中西女校兮百世芳，吾校万寿永无疆。

据历史记载，中国远古时就开始用“万寿无疆”。

尽管该校再三高唱万寿无疆，但到1952年，教会还是将中西女中移交给中方当局，并与另两所名校合并成第三女中。

既然有如此气势磅礴的校歌，总得培养出几位杰出的名媛吧！殊不知，中西女中竟培养出了一万名学生，且其中有荣誉国家主席宋庆龄，还有她的姐妹宋霭龄和宋美龄。杰出的学生还有文学家张爱玲，如只用一句话介绍张爱玲，一人说，她的中文水平和英文水平相同；另一人说，有了她，地球会产生六种震动。（有趣的是，有位工程师在看过此话后竟向我追问“是哪六种震动”。）

张姐谈中西女中

商务印书馆创始人张元济先生的孙女张姐(不知芳名)是我中西女中的校友,她在网上发表了一文《中西女中教给我的……》,内有她的亲身体会,我就冒昧地引用了一些文字:

我(张姐)从入中西女中附小四年级开始,直到1947年高中毕业,没有经历过一次考试,没有受过“小升初”“初升高”的一系列洗礼,甚至没有过“期中考”“期末考”之类“过五关斩六将”式的考验。我们的成绩是平日分数的总和,包括小测验、做实验、写作文、周记、读书报告、上台演讲、演戏、品行、办事能力等的综合成绩。看到邻家孩子们今日的苦读,我庆幸自己的中学时代是一生中最快乐也是受益最多的黄金时代。

一入学,就有高班的学姐告诉我,见了老师和同学都要礼貌地打招呼问好,“谢谢”和“对不起”是待人接物的基本口语。曾经看过一部电影《最后的贵族》,影射的就是中西女中。电影中把女学生描述成娇滴滴的贵族小姐,穿着高跟鞋,挽着男朋友,翩翩起舞。殊不知中西女中不允许学生着装奢侈,更不准涂脂抹粉。一日老师发现一同学有红指甲,就当堂令她把红色除去再来听课。还有一同学收到她叔叔送的一件可两面穿的外衣。一面是靓丽的绿色,一面是黑色。她老是穿黑色的一面,生怕鲜艳的绿色太显眼。

学校教育之严涵盖了生活上的各个方面,例如出门时必须礼让他人先行;咳嗽打喷嚏时要用手帕捂住嘴鼻;在教室或图书馆走动时要踮起脚跟,更不可大声喧哗干扰别人。总之要处处为别人着想。从家里带来的零食不准带入寝室,一律被锁在“吃食间”里,每天下课后四点到四点半是唯一可以吃零食的时间。那时我们都是住校的。对寝室卫生整洁更是要求严格。这些虽都是小事,可良好的生活习惯反映的却是学生是否有教养。

自信心的培养

中西女中一向以她的英语教育出众而著称。人们也许很难想象，我们当年没有专为英语教学而编制的教材，更没有英语语法书；我们读的是英文原版的古典文学小说，低年级时是童话故事，莎士比亚的剧本也曾是我们的高中课本。老师挑重点的章节在课堂上讲，其余部分留作课外阅读。语法、词法等都在讲授课文的过程中结合起来讲解。老师引导我们从文学角度来理解和欣赏课文，往往令我们听得入神。从这些经典作品中，我们不仅积累了对英语丰富的感性认识，更开阔了眼界，知道了西方的文化、历史和人文习俗，从而学会了如何用英语思考并用符合英语习惯的表达方式去写英文作文或读书报告。

练习是多种多样的。模仿原著写自己的小故事，或将原著中的一段编成短剧。老师往往让我们上台讲自己编写的故事。记得我第一次被叫上台去讲故事时，面对全班同学的专注目光，吓得浑身哆嗦。但这种练习是经常性的，久而久之，上台讲话就成了家常便饭，使所学到的词汇、语法、语音都变成了活的知识，根本不需要死记硬背。学校里有非常好的图书馆，老师都鼓励我们广泛阅读。

中西教育的基本原则是培养学生的思考能力，启发我们自觉获取知识的潜力。例如作文，老师往往只规定体裁：或记叙文，或描写文，或论述文，而对内容则从不做任何规定，和今日普遍存在的填鸭式教育和所谓的“标准答案”完全不同。

回顾当年，中西女中从小培养我们的自信心，能独立思考，教育我们养成“诚恳做人，踏实做事”的良好风范。一个人的能力有大有小，但在自己的能力范围内，我们有强烈的责任感，勇于面对挑战，这种办学方针远非今天一味追求高升学率和索要高额赞助费的功利主义所能及。

续中西女中附小

我虽然进了如此好的学校，但根本不爱学习，上课也不注意听，所以就算是特级教师在教，也等于是对牛弹琴。下了课，即使是短暂的课间休息，我也会跑到操场去玩一会“捉人游戏”。为了激追人者先来追自己，大家会争先在他面前奚落他。如轮到我捉人，就会有人在我面前故意大喊“银色汽车嘟嘟”（“银色”与“宁生”谐音）。

我在小学的数年中，竟完全记不起一节课的上课情景，但玩的事倒还能记得几件。如有一次，在操场边看到一只蜜蜂在花心采蜜，我就用两个手指去捏它的两片翅膀，心想我这样抓着它，它就无法咬我了。说干就干，不料我的两个手指只捏到了蜜蜂一侧的翅膀，于是那只蜜蜂就轻易翻过身来。我当即摔掉蜜蜂，拔腿就逃。但是两条腿还是比不上那两片小翅膀，我在狂奔了 50 米后，颈部突然一阵激疼，虽还未疼到痛不欲生的程度，但也相差无几了。事后很是不解，蜜蜂那么小的脑子，竟能在瞬间做出如此复杂的决定：我要追上他以狠蜇他一下，虽然刺会带出我的肚肠，以致我不能活了。但我是为全体蜂民壮烈牺牲的，虽死犹荣啊！我要给自称最智慧的动物一个严厉的教训，吾辈虽小，却是不可欺侮的！

通常老师会在操场边看着学生玩。一次，我看到同学薛深思的妈妈来见老师，老师说薛深思上课时不但不听讲，还妨碍别人，故请你为他申请退学吧。薛深思妈妈一听，脸色突变，那时她的哀怨眼神和羞惭表情给了我极大的震撼，以至于我一生中最不愿干的事就是低头求人了。多年后，某个有央人习惯的大学同学找到我，让我帮他求人办事，我就来个“腌菜烧豆腐”（有言在先），其他事都好商量，只是想托我求人，那就不必开口了。

我这种不把学习当回事的学习态度，其后果是一年级就留级了，三年级时又留了一次，成为双料留级生。

就这样，我混完了五年级。回想起来，那时还是学到了一些东西的。首先，听到英语不再生疏；数学倒也会加、减、乘、除；语文则能看懂报纸内容。

1947 年，我投奔杭州开碗店的亲戚，遂用同等学力的假证明报考一家新成立的私立中学——民生中学。几天后，我去看录取榜，当时信心不足，就像胡适早年去看公费留美生的录取榜一样，是从榜尾倒上去找自己名字的。我当时找了好一阵子都没有找到，心中不禁着急起来。最后居然看到自己名列榜首，还注明有公费资格，但要有家庭清贫证明。至此我终于松了口气，心想总算名校没有白读，由此可见中西女中附小教学水平之高。

民生中学刚办，所以全校才初一一个班，连正式的校址都没有，竟租了一家倒闭的小寺庙的一半作为教室及教师和学生的宿舍。庙的大殿里租住着国民党小军官们的家属，她们倒不怕菩萨日夜注视着她们一家。

第二章 “要我学”还是“我要学”?

孩子对学习的看法

众所周知,对一些孩子来说,无论父母怎样苦口婆心地告诫:“少小不努力,老大徒伤悲”,他们总是将大人的话当成耳边风。他们想:如不一个耳朵进,一个耳朵出,那耳朵就要被塞满了!

至于为什么孩子们会连这么明白的道理都不懂呢?作者认为是由于孩子的生活经历和思维能力尚不成熟,以致看事物会极不到位。

例如在孩子眼里,社会上的人群虽有高低贵贱之分,但二者究竟有多大差异,孩子的认识可能就很肤浅。

很可能在孩子眼里,清洁工和大公司的董事长并无太大区别。你看,董事长一顿能吃掉常人三顿的饭量吗?只是董事长吃得较好而已。董事长虽能穿名牌衣服,但清洁工在冬天穿了厚衣服也冻不着的呀!因此董事长和清洁工是差不多的,孩子们大可不必去努力学习以争取当上董事长,因此还不如现在玩个够。

孩子对世事的利害能做出较全面的认识必须在他们积累了一定年月的生活经验后才能具备。作者认为,孩子们只有上完初中甚至要到高中,才能有足够的社会经验,才能对较复杂的事物做出分析和判断。就作者自己的体会，我是到了十七八岁才体悟到提高自身的必要性的。就拿前述的清洁工和董事长之间的比较为例。在成人看来，这二者之间是有极大差别的。因为人在世上，并不是只有吃饭、穿衣那么简单。例如在收入上，董事长会比清洁工高上百倍。在住的方面，清洁工往往住得较差，而董事长则住在带花园的豪宅里，还有人服侍。在其他方面，董事长也比清洁工不知好上多少。董事长有人前呼后拥，他可以随心所欲，他的子女可以享受最好的教育，如出国留学。此外，董事长一家还可经常到世界各地去旅游。就是家人生了病，也能得到最好的治疗。然而清洁工和他的儿女只能勉强糊口，艰难度过他们漫长的一生。

诚然，社会也不能少了清洁工。曾有新闻报道：某国一城市的环卫工人罢工了，结果整个城市成了垃圾场，居民也就无法正常生活了。

但相比起来，董事长的贡献会更大，他要领导一家企业正常运营，而且他很可能还为公益事业提供了巨额捐款呢！

顺便提一下，现今也只有发展中国家的青年还在梦想自己有朝一日能当上董事长。50年前的日本青年也那样想，但是随着电视的普及，日本青年在看过多部电视剧后，发觉剧中的董事长无不生活在勾心斗角、生死存亡中。他们受到的精神压力也远超常人，他们时时承受着心理上的煎熬，弄不好还有被逼跳楼的可能。所以当代的日本青年宁愿做一个普通人。

英国传媒大王的结局是最能说明“人上人”并不好当的例子。

20世纪80年代，我应瑞典皇家科学院之邀，与他们的两名代表一起去英国会见当时的传媒大王罗伯特·马克斯韦尔，目的是请他资助一个国际合作的太阳望远镜的研制项目。那天，马克斯韦尔在他伦敦郊区的豪华别墅接待了我们。结果是，他不肯资助500万美元。商谈期间，他的秘书过来，说西班牙国王打电话找他。那次我们商谈结束后，马克斯韦尔客气地留我们用午餐。用餐期间，还有一对日本夫妇在座，餐后马克斯韦尔将用停在花园里的一架漂亮直升机送他们去不太远的希思罗机场。我正好坐在马克斯韦尔身边，遂问他："你的接待处已有14辆汽车，首都伦敦又是管制空域，不能进直升机的，那你还要这架直升机有什么用呢?"马克斯韦尔答："伦敦空防部队特许两架直升机可以飞入伦敦，一架是女王的，另一架就是我的。"由此可见他在英国的社会地位之高了。但读者也无须羡慕他，因为仅仅在3年后，他的报纸就登出了一条新闻：名人罗伯特·马克斯韦尔昨日在他的游艇上跳海自杀身亡了，因为他的庞大集团破产了。

孩子往往只能看到眼前，而不会想到自己这样做会有什么不利后果，所以孩子不容易预见到自己学习不好会有什么后果。在此，作者举一个很能说明问题的例子：记得我9岁时，一日看到挂在衣架上的堂姐的大衣口袋中有一包糖炒栗子，于是我就把整包栗子偷走吃了。晚饭后，堂姐要哥哥去拿栗子分给大家吃，但是哥哥去了回来说找不到。堂姐纳闷：不好，我得幻想症了。然而，隔日便有人在我房内的纸篓中发现了大量的栗子壳。现在看来，那时的我真是蠢到家了，居然会不顾后果地留下罪证！孩子会只顾前而不顾后的例子还有下棋。凡是对方有棋子送到口边，哪有不吃之理，这样他就难逃对手设下的陷阱。而且孩子的心理承受力也极差，一旦走错了一步要失子时，他就会悔棋，而对手又不肯让他悔棋，于是双方就争吵起来，而且越吵越凶。母亲听到了，就来劝架说：你们父亲也在楼上下棋，你们看，他们多么安静，下得多么文明，我们上去观摩吧！结果三人上楼后大吃一惊，只见一人卡住对方的脖子，使他不能呼吸，逼他吐出口中吃掉的棋子。此事说明，即使是大人，也没有足够的心理承受力，那就更不能要求孩子了。以上悔棋的故事出自我国古代的一本典籍。

就像"先苦后甜"和"先甜后苦"，孩子也有简单的选择，他们大多会选"先甜后苦"，这正如猴子的选择。据古籍《列子》记载，一个养猴人问猴子说："我一天给你七个桃子，你要早上三个，晚上四个呢？还是早上四个，晚上三个?"猴子最终选先要四个。在孩子看来，"先甜后苦"与"先苦后甜"并无太大差别，即使苦与甜的时间长度很不相同。所以说，要孩子先刻苦学习就很难了，他们宁可先甜，即先玩而不努力学习。现在看来，我们似应让孩子及早体会先苦后甜等大道理，当然这是很难的事，家长们可以在探索后互相交流心得。

孩子几乎没有忍受力，不像大人能忍痛不哭；孩子也无自制能力，如看到一件心爱的东西就一定要得到它。所以说，家长应该给小孩一些零花钱，让他自由花，否则极易发生偷钱事件。

作者认为，孩子即使到 18 岁甚至更晚才开窍进入“我要学”的阶段，也不要紧。只要他采用作者亲身实践的自学方法，还是能够学成功的。

我对孩子学习的看法

看到此，有人会问：你怎么单从狭隘的个人利害去开导孩子？你应教导孩子好好学习，以便他将来能使自己的生活变好，又能运用掌握的知识和技能来造福人民。如果孩子通过努力学习，成了一名工程师、教师或医生，那么他对社会的贡献就会比普通工人大很多。

为什么会有那么多的中国孩子不爱学习，作者认为，或许是因为孩子被父母(尤其是爷爷奶奶)宠坏了，独生子女就更受宠了。他们从不劳动，家务活也不会做，因此从小就有依赖性。这不，即使他长大后成家，也有父母会为他准备好婚房。那他还需要从小刻苦学习吗？

相比之下，发达国家的小孩就能较自觉地学习，这也许与他们从小就打工有关。打工能使孩子体会到他们享受的一切来之不易。1981 年，作者访问丹麦某天文台时，曾住在一位副教授的家里。次日早餐时，未见那位副教授 8 岁的小儿子，一问说是打工去了。我当时吃了一惊，问 8 岁的小孩能打什么工？副教授答，他骑小自行车送报纸去了，月底他拿到工资后，会买自己心爱的玩具，如钱不够，我们贴他一些。那位副教授得知中国孩子从不打工，感到不可思议。

美国的孩子追求尽早自立。据说，有些父母只抚养子女到 18 岁，子女之后如仍要住在家里，就要给父母交房租。这些孩子倒也付得起房租，因为他们大都边学习边打工。

记得 1985 年时，应作者邀请来华访问的美国凯克 10 米（口径）望远镜研制组的马斯特教授曾对我说，最近他那 16 岁的儿子已经将附近的一家咖啡馆用 4 万美元贷款盘了下来。而且他儿子以前就在那里打工，所以他早已通晓如何经营一家咖啡馆。

由上可见，美国孩子的生活和学习根本不需父母操心。

一些穷人家的孩子往往憧憬着哪天自己也能受教育，以期长大后可以摆脱贫穷的煎熬。电视上曾出现过这样一个场景：一个小女孩抱着小鸡在草地上抓蚂蚱，她说，把你喂大，卖掉你下的蛋，就可以供我上学了。相信这女孩将来一定是个优秀学生。

孩子即使到十七八岁才开窍要发奋学习，作者认为还不算太迟。如果他能不懈地按照作者的自学经验去做，且他不是特殊儿童，就可以逐渐掌握初中、高中的所有课程内容，甚至部分大学课程内容。

阿里巴巴集团的创始人马云在 2017 年时说："小学成绩不好不要紧，我的小学就上了 8 年。"

有位特级教师说："1. 影响学生成绩的主要因素不是学校而是家庭；2. 认真听课的学生偶尔成绩好，但认真自学的学生永远成绩好。"

一位美国小学教师对一名三年级的华裔学生说，既然你有中国血统，那我给你的作文题就是《中国的过去、现在和将来》。对于这种难题，那小学生不得不上网查找中国的历史和现状，并自己预测中国的未来。那么，他的自学能力还会不强吗？

第三章　军校时光

进军政大学学习

1949年年初，解放军百万雄师陈兵长江之北，在杭州的国民党军队已值仓皇撤逃之时。1个月后，解放军顺利地进了杭州城，随后报纸上就登出了解放军新成立的华东军政大学开始招收高中生参军入学，学习3年后即可成为排级干部。那时，15岁的我就冒充17岁去报了名。在体检时，军医听我的心音时感觉有些问题，便要我蹲下再快速站起，如此重复20次，令心跳加快。军医再听心音后，说没啥问题了。旁边一位也在体检的女生一称体重，还不到最低标准40公斤，只见医生皱眉说，怎么连体重都不及格，然而他在她的体重一栏里仍填了40公斤。

待到发榜日，报上整版都是录取名单。我在备取生栏里找到了自己的名字，就去报到了，这就算参军了，当天是7月16日。我们那个排居然住在有名的灵隐寺的大雄宝殿里，就睡在菩萨的脚下。

报到当天发军装，那新军装却是粗布缝制的，所有的学员都未曾见过粗布衣服，因此不满情绪油然而生。到开饭时，全班围蹲在地上吃，木桶中装的是红红的高粱米饭。这个饭并不难吃，但是谁吃了都会得便秘。于是产生了怨声，其结果是：一周后收回了粗布军装，改发细布军装，高粱米饭也换成了白米饭。

这样过了两周，军校乘闷罐火车到了苏州，我们班被安排住进一家中产阶级的里弄洋房所让出的一大间中，没有床，就全班打地铺。就这样，一条弄堂可以住下一个连。

1个月后，我们2000人终于迁到苏州阊门外的一个大兵营里，3个月后，分散在各处的2万学员又集中到南京中山门外的孝陵卫，现今是南京理工大学的校舍，这时已是1949年年底了。

这个军政大学除了规模很大以外，教学程度也不过是中专水平。政治学上的是中国革命问题、中共党史以及毛泽东思想，军事上也并不高深。各人领到不同型号的步枪，我分到一支还算不错的“中正式”。实弹射击时，各人就用各自的步枪。每人打三发子弹，我第一发就正中靶心10环，但第二发是8环，第三发便降到6环了。

发枪时，连队指导员说，枪是你们的第二生命。我想，那第一生命必是我自己了，但指导员说，政治生命才是你的第一生命，你自己的生命只能排到第三位。

上大课时，几个班一起听，每人带一个小板凳，就坐在操场上。

印象深刻的是1950年春，国民党的P－51野马式战斗机会不时来骚扰南京，于是我们会停课去加长机场的跑道，以让当时最先进的米格15喷气机能在南京机场起降。之后P－51再次来时，一下子就被米格击落了，从此国民党飞机就再也没来大陆。

用现在的眼光来看军校时的理科问题

1950年时，书店见不到军事书，幸而军政大学的图书馆中有少量抗日战争初期的军事书。记得我借了一本民国著名军事家蒋百里先生写的军事专著。他在书的附录中写有他的发明——空中捕(飞)机网，我兴致勃勃地看完后却质疑起来。

蒋先生在书末写道：要把敌机打下来，可以采用他发明的空中捕机网，即在地面铺一张大网，将它的四角挂在四门高射炮上，敌机飞来时，四炮齐发，那么四枚炮弹就会同时拉起大网，飞速向敌机扑去，从而把敌机包起来，那架敌机还不坠毁吗？

读者也许相信他的空中捕机网的设想确是可行的。可只读过初中物理的我却发现，蒋先生已把他学过的牛顿力学的三个定律中的第一定律——惯性定律忘得一干二净。因为高速的炮弹要施出几百吨的拉力才能克服大网的惯性，从而使本来静止的大网能够在瞬间加速，以跟上炮弹前进。想到此，我不禁沾沾自喜，自己居然能发觉大军事家的错误，但也发现了自己欠缺更高的物理知识——不足以说服蒋先生，因为我不会计算网角受到的拉力有多大，但几年后我自学了高中物理后，就能用牛顿力学的加速度公式把那个拉力大致算出来了。

现在想起来，我真得感谢蒋百里先生的发明，正是他“空中捕机网”的大胆设想，才引起了我对科学探索的兴趣，并在2年后开始了系统的力学知识自学，从而影响我在65年后写出了科普书《趣味力学现象》。

下面以“空中捕机网”为例进行力学分析，有兴趣的读者可看8.1。

第四章　在航空学校的学员和教员生涯

在航校当学员

进军政大学后转眼已一年有余，再过一年多就能毕业了，不料 1950 年秋，中国人民志愿军为了抗美援朝，和以美军为首的联合国军在朝鲜打了起来。一开战，美国空军的轰炸就使得志愿军的军需补给线几乎断绝，从而给志愿军带来极大困难。志愿军就迫切需要建立一支足够强大的空军，以保护军队的供应线。诚然，军机可以立即从苏联得到，但相应的空、地勤人员还得从自己的军中选拔和培训出来。幸而已有两个成立不久的军政大学，军方高层当即决定，将几万名有文化的学员马上转给空军和海军。

就这样，我在火车的货车车厢里坐了两天两夜到了哈尔滨，进入空军第一航空学校。

火车到达哈尔滨站时正值午夜，一出车厢，身穿南方军衣的我就感觉耳朵都要被冻掉了，只好用毛巾包起来。幸而航校的无篷卡车已在等候，且那卡车只开了 10 多分钟就到达了市中心的航校。

卡车到达住地后，为了欢迎我们，暖和的食堂里摆满了热气腾腾的八菜一汤，我们不禁为航校领导的热情所感动。不料，以后每天的伙食都是如此丰盛。以后才得知，我军的空军建军标准是全套照搬苏军的，所以连航校的地勤学员也享受到了很高的相应苏军的标准。

正因要尽快建成空军，所以我们在航校的时间只有一年。我学的是杜-2轰炸机的军械维护及出战时的准备。主课内容包括弹药学，机枪和机炮，弹道学，机枪的光学瞄准器和很复杂的电动轰炸瞄准具，装卸炸弹和实弹空中打靶射击等。副科则涉及飞机的所有部门，如发动机、飞机构造、特种设备和飞行原理等。

当时的教员主要是留用的前国民党空、地勤人员，他们也是才从苏军教官那里学来的苏联飞机的维护技术。

在航校的丰硕收获

苏联的杜-2轻轰炸机是二战后期问世并在反法西斯战争中立下了赫赫战功的飞机。杜-2的性能比二战初期美国的B-25还要好一些。我在学习它的过程中，不仅大开了眼界，还激发了强烈的求知欲，给我今后几十年的天文仪器设计带来许多启迪。

在当时的东北地区，人们曾从苏联进口了不少产品，如汽车、机床、日用品等。但是那些产品都不如欧美产品，有些日用品还远不如中国产品。如苏联钢笔，不但粗重，而且外观方头方脑，就是手表的外形都不如上海表精细。因此苏联产品在东北获得一个雅号，即“傻大粗黑”。

然而苏联在杜-2飞机的设计上，所有部件都是“小巧轻精”的。起先我很是不解，苏联的军、民用产品怎么会出现两种极端的水准。后来才知，苏联把为数不多的尖子人才全部网罗到军事工业去了。挑剩的技术人员就给了民用部门，再加上资金也大多去了军企，所以造成了军用品和民用品在水平上的两极分化。

当时还听到一件趣事，就是苏联生产的机床为什么会那样笨重。其原因竟是，苏联政府部门要求机床厂的生产量要逐年上升，而生产量并不以机床台数计量，而是以吨数计量。于是厂长就钻了这个规定的空子，他令机床的床身每年加重百分之几，这样就可以蒙混过关了。

下面将多写几个轰炸机上的设备是如何巧妙地完成那些苛刻的任务和要求的（见 8.3）。

海绵吸水般的学习

我在航校每天上七八节课，每节课有 50 分钟。但是听课并不感到累，这是因为学到的飞机上的所有知识都是那么巧妙、那么紧凑，真令我大开眼界。况且各门课程的内容都不深奥，而且基本没有公式。那时还值建校初期，上课居然没有课本，有时连讲义都没有，学生只好照抄黑板上的内容。上两节课还得换教室，因为只有那个教室才有专门的实物或模型。晚上有 2 个小时的自习课，是没有教师辅导的。

由于 2 年的课程要压缩在 1 年内学完，所以每门主课才五六十个小时，而副科只有 20 个小时。虽然课程的内容不少，可却很容易弄懂和记住。1 年后，全班只有两人因文化程度太低而被淘汰。

这一年我开始了主动的学习，结果在学习上成了全班的尖子，以至于被主课教师们看中，特批被调去当一门马上要开课的课程的助教。4 个月后，我这名助教还要通过学生的毕业考试，这也成了一件趣事。

我当了助教后，白天虽忙于讲课，但晚上因无须花太多时间备课，我就有了较多时间来学习从其他教研组借来的教材，诸如领航学、飞机驾驶学等。虽然我能在理论上弄懂那些学科，但由于得不到实际操作训练，如真要我驾机飞去某地，那只会发生机毁人亡的一等事故。

起义教员的情况

那时我所在的飞机军械教研组，其教员中的大部分都是前国民党的空军人员，他们几乎都是轰炸机的机枪手，有些还在美国受过训。

邻组的李教员曾在美国受过训，一次他告诉我，他在一次长途飞行训练中，飞机上两个罗盘的指示不一致了，要命的是，附近的一个无线电导航台预报说有雷阵雨且信号不好，因此飞机迷航了，幸而美国到处都有私人机场，飞行员遂把飞机降落到一个农场的机场上。农场主一看来了一架重型轰炸机，上面走下10多个飞行员，遂热情招待了他们，又是要人做饭，又是请人去加油站送好汽油来，李教员当时很感动，于是又多休息了2个小时。待到握手告别时，农场主递上一张账单，上书：伙食费若干，加油费及劳务费若干，停机费按每吨每小时算，你们的重型轰炸机起码有20吨，压坏草地若干，换新草费若干，加起来共好几千美元。机长只好付他支票，并要了收据回去报销。

开始自学

就这样学了一年后，我却慢慢发现学到的知识都是不够深入的，基本上都是定性解释，而不讲定量计算。例如，我不懂那把大口径机枪为什么每秒只能打出16发子弹而达不到20发。又如，已知发动机的功率后，应该怎样计算那架起飞的飞机要跑多久才能离地？以上这些我全不会算。我知道，要想掌握这样的分析和计算，就必须有大学以上的数理水平，而在这之前，我还必须先学好高中的数理，因此当务之急是立即系统地自学高中的数学和物理，因为要我再去当中学生已经不可能了。这就是我下决心要开始自学的第一个原因。

想到此，我就自然地萌生了及早离开航校的念头。至于去向，最好当然是去上大学。但是那时，平均每八名考生中，只有一名能被大学录取，这是因为那时的大学既少又规模很小。

显然，没上过高中的我要与其他考生竞争，就必须自学完高中的主要课程，而且还要学得特别好才行。这就是我下决心要开始自学的第二个原因。

由于自己的出身不好，如学文科，就极易卷入政治漩涡，当然不如学理工科了。而后者的范围是很广的，那我应选什么专业呢？最好能找一个远离政治的专业。当时我觉得以后去山上的天文台工作会安静一些，于是就选了这个专业。

且不管选哪个专业，数、理、化和语文都是必须学的。但是要如何自学才能成功呢？当时自己心中确实没底了！

自学的经过和体会

幸而那时我找到了巴甫洛夫的一篇写给青年的介绍他数十年学习和研究心得的文章。巴甫洛夫是苏联享负盛名的伟大生理学家。

我以巴甫洛夫的经验为主，并结合了其他人的经验，进而归纳出几点自学的规则：

巴甫洛夫对青年的第一个劝告是：学习必须“循序渐进”，这意味着，不要期望能快速找到捷径而不想走弯路，那“循序渐进”已是最短的捷径。如果你不能全部弄懂前段的内容，那么你怎么可能弄懂建筑在前段基础上的后段内容呢？如果你一开始就对学到的新内容感觉有个一知半解就满足了，那你一辈子也别想学成。

我按照巴甫洛夫那“循序渐进”的教导，开始对范氏大代数一段段地认真学起来，当时就体会到了“循序渐进”的神奇效果。我仔细地读了课本后，发觉课程的内容是句句经过深思熟虑的，它不但能把事物描述得十分到位，而且前后连贯性极好，它从上面的内容，自然就能推得后面的结果，就像有位教师在不厌其烦地对你反复讲课，而且他比特级教师讲得还要好！我那时已十八岁了，已具备正确理解和分析事物之间联系的能力，而且具备一定的逻辑推理能力，因而自学能力大大地优于小学生和初中生。这也是小学生难以成功自学的主因，所以小学生只习惯于听老师讲，而不习惯于自己看课本。

但我认为，小学生的自学能力应该是可以锻炼出来的。例如小、中学生可以试将老师明天要讲的课在今天先自学一遍，这样多预习几次后，应可提高自己的自学能力。

我在“循序渐进”地学习代数时，发现课本前面几页的纸边由白色变成了灰黑色，而且那灰黑色在逐日加厚，直至整本书的边全部变成了灰黑色。这时，一种愉快的成就感和自豪感就会油然而生，让人感到十分幸福。

上面讲到自学成功的主要条件是自学者必须具备一定的联想能力。在此，诸位试回答以下一组(不知是哪个外国人出的)测验题(不少中国小学生已知道)：

1. 直升机上有 100 块砖，现掉下 1 块，还有几块？

2. 要把狗关进冰箱，需要几个动作？

3. 要把猫关进冰箱，需要几个动作？

4. 老虎生日设宴请客并保证不吃来宾，但哪个动物没有去？

5. 河湾处有条吃人的鳄鱼，可小明不知，竟在那里游泳了半小时，但小明为什么没被鳄鱼吃掉？

6. 小明一上岸，为什么却突然死了？

据说，只要能答对以上 6 题中的 2 题，他就是正常人；能答对 3 题的就是优等生；而能答对 4 题及以上的人，他就是超优生了。答案是 1. 99 块；2. 3 个；3. 4 个(要加一个放狗出来)；4. 猫没能去(它被关进冰箱了)；5. 鳄鱼赴宴去了；6. 被飞机上掉下的那块砖砸死了。

本人以为，凡优等生，他都可以轻松自学；而正常人只要尽一点努力，应该也能自学成功；只有那些特殊人，才不适宜自学。

但也有人认为，上面那些“脑筋急转弯”题目不适于做智力测验之用。

有趣的是，我碰到了一位业余探解甲骨文的爱好者，他的思维与常人截然不同，他对以上 6 题的答法非常奇特，现写出来，以博读者一笑。

他答：1. 还有 100 块砖，根据是物质不灭定律，那块掉下去的砖应还在世上；

2. 4步,抓狗应算一步;

3. 4步,因有2台冰箱;

4. 谁都没有去,因为可能有一只动物的名字碰巧叫"来宾",其他不叫"来宾"的动物当然就不敢去了;

5. 有条鳄鱼的名字叫小明,鳄鱼不吃同类;

6. 有条深海带鱼也叫小明,深海鱼一出水,当然就死了。

由此可见,此人用这种怪思维怎么能破解甲骨文呢?难怪他研究了汉代科学家张衡后,提出了两个惊人的结论,即张衡遭到皇帝要灭他全家的厄运,但张衡逃走了,之后他死在了今天的甘肃武威。以上结论大部分都是他自己的推论或者说是想象出来的。

有趣的是,他推论的依据是张衡的一位好友为其写的挽文,那文中有段关键古文,不要说常人读不懂,我请教了中文博士,他也不懂,最后请教了上海交大特聘教授关增建,才发现从百度上引来的那段古文中错了关键字,这样那人关于张衡的大胆推论全部没有了依据。

当然,多数人在自学中经常会遇到对课本上的某段内容即使看了几遍,还是弄不懂的问题。这时就应想:是不是我老从一个出发点来考虑问题?还应反省自己是否钻了牛角尖,以致不能自拔。应学会从不同的角度去思考问题才对,有时甚至要用到其他领域的知识。

凡善于自学的人,他们的科技探索能力往往都比较强。我就深有体会,并在后文中举了一些例子。比如,我经常会从常人不会想到的方面去切入,从而把难题破解了,而在整个分析过程中,还不需用到什么高深学问。

记得那时我自学高中课程,最难的课程似乎是化学,尤其是那个"摩尔"概念,但终于也搞懂了。当然,如有条件,可向老师请教。

一般科研人员在接到一项不熟悉的新课题后,往往会先搜集阅读前人在这方面写下的资料。这种做法会给新研究者套上条条框框,会把他拖入前人的思维轨道,从而扼杀后来者创新的可能。鉴于此,我在碰到一个自己不熟悉的新课题时，会先不看前人写的有关资料，而是独立用物理基本原理去分析，想出几种自己的解决办法来，然后再看前人是怎样解决的。这样做的效果是，我居然在几项科研题上真的有了一些创新成果！

当时曾觉得，历史课和地理课的初、高中课本中的内容基本上是重复的，只是后者多些罢了，所以我就偷了巧，没学初中的课程，直接学了高中的课程。

社会上有这种说法：我既然这辈子都当不了领导，那我学历史还有什么用？但是一个人要是没有基本的历史常识，那就会在待人处世方面无法借鉴前人的经验，而且在与人交谈时也会出洋相。例如：某历史老师发现一名同学不听课而在玩手机，他叫那同学起立后问，圆明园是谁烧的？那同学答，不是我烧的。老师觉得太可笑了，遂反问，不是你烧的？那同学觉得老师在冤枉他。于是第二天，他爸爸找到老师说，我相信我儿子，圆明园真不是他烧的，我们报案去吧！

自觉学习的两个女儿：

小女儿南西上高一时，她去考东南大学的少年班，结果考卷中有高三才学的数学题，她当然不会做，所以未能考上，之后她就自学了高三的数学，再去考南京大学的少年班，这次她就考上了，进了外语系学英语。

南西后来取得了法国大学的硕士学位，后在法国的中学教英语，以后又转教选修课的汉语。

我问南西，你怎么不教英语了？她答，英语是法国中学生的必修课，因此那些不喜英语的学生写的作文竟然整篇都要老师改，以致她晚上还得加班改作文，这就太累了。而中文是选修课，来选修的就没有不肯学的人。

几年后，南西报名考中文教师的一种高级职称，全法国每年才有几个名额，所以竞争相当激烈。试卷题是法国教育部的中文教学总监出的，南西两次通过了笔试，但在巴黎的口试中均未能通过。

那位中文教学总监却是法国人，他问应试者读了那两本指定的书后的心得，然后便能看出那位应试者的水平。他还要考应试者对中国历史文化了解的广度和深度。比如，他问楼外楼饭店在哪里？南西答在杭州。又问楼外楼三个字什么意思？答这三个字来自南宋一诗：山外青山楼外楼，西湖歌舞几时休……楼外楼意为比别的楼更好。南西两次口试都未通过，2017 年她又去考了，这回她终于考上了，而且是全法国考试者中的第一名。

南西那能考全市第一名的姐姐，对她的学习，父母也是一向不问的，以至于她在小学和中学学习的过程中，只问过我一个问题：爸爸，兔子有几条腿？因为她忘了兔子有几条腿，所以无法做一道数学题。她 29 岁时，申请成功了全家技术移民到澳大利亚。技术移民的理由是她是一家私营新产品研制所的所长(有营业执照上的名字为证)，该所曾为美国一家大学及日本一家企业研制出口过太阳望远镜和激光通讯望远镜等新产品，她也有澳大利亚国立天文台出具的聘书。澳大利亚驻上海领事馆委托英国领事馆对她进行英语口试，结果她得到满分，于是很快就获准全家三口一起移民。不久，澳洲那个天文台的人来电话说，天文台在山上有一座别墅刚好空出来，每月租金才 600 澳元，你要就留给你。

总之，她人还未到澳洲，那里的工作和住房都已在等着她了。她到那里后，当地华人对她说，像你这么走运的华侨，一千个人中才有一个吧！

现在我才体会到，即使一个人非常优秀，但如果他只是从事一项平凡的工作，他虽能工作得相当出色，却不能由之成名，除非他从事的是显示度很高的职业，如演员、歌星、体育明星、作家和科学家等。

巴甫洛夫对青年的第二个劝告是：要谦虚，即不要以为自己懂得比别人多就了不起。要勇于对自己说，我对人类知识的掌握是十分不够的，所以还要不断学习。网上曾报道，有记者问诺贝尔奖得主、大科学家丁肇中某些问题时，丁答，这个我不知道。当时国内有一位院士，他经常反对别人，觉得自己什么都懂。以至于网上出现了一篇文章，标题是《从丁肇中的我不知道到某院士的无所不知》。那篇文章出来后，那位无所不知的院士就销声匿迹了。

也有人提出自己的主张：要热爱自己从事的专业，不论这个专业自己开始时喜不喜欢。因为只有对自己的专业有很高的热情，你才可能学好它、掌握它、发展它。

巴甫洛夫对青年的第三个劝告是：事实才是真理（这与胡福明提出的“实践是检验真理的唯一标准”不谋而合）。

巴甫洛夫形象地比喻：无论你的理论有多么漂亮，但若没有实践证明，那么那个理论也只是一个美丽的肥皂泡而已，它终将破灭；事实之对科学家就像空气之对鸟一样，如没有空气，再强壮的鸟也飞不起来。

“事实才是真理”特别适用那些经常进行推理的人，无论他是理科人士，还是文科人士，都是如此。

对某人提出的新理论，如果没有实践证明，那种理论就不大可能获得公认。

例如，前述的民国著名军事家蒋百里提出的新发明——空中捕（飞）机网。

又如20世纪初，德国气象学家魏格纳提出的“大陆漂移说”，他认为，美洲是从欧非大陆漂移出去的。但那时缺乏事实证明，因此他的学说被世界地理学家取笑为痴人说梦。直到几十年后，人们发现大西洋的底部有条大裂缝，也用新技术实测了两个大陆目前还在漂移。这样，在诸多事实的支持下，世人终于承认了“大陆漂移说”。

在文科研究上，胡适曾介绍过他研究中国历史的经验是“大胆设想和小心求证”，就是要在浩瀚的历史记录中找到有关记录的事实。可是却常有这样的历史学家，他会大胆有余而求证不足。

我自从当了助教，就开始了对中学课程的系统学习，而且遵照了巴甫洛夫的忠告，特别是第一条忠告。就这样，我立竿见影地攻克了范氏大代数、几何和三角。我当时感觉那些三角公式的推导过程都很精彩严谨，因此不难把它们都记住。

有了数学基础，自学物理就很容易了。我那时特别赞赏物理学的“能量守恒”定律，它能将原本很复杂的几个力学过程，简化到一下子就能找到结果，以后我会讲到那种趣例。

自学高中语文也是一种享受，从课本中收集的古诗，篇篇都是明珠，因此都值得背下来。例如最长的《孔雀东南飞》，我 60 年后还能背出约 200 字——“孔雀东南飞，五里一徘徊。（下面是女子的自述）十三能织素，十四学裁衣，十五弹箜篌，十六诵诗书，十七为君妇，心中常苦悲。君既为府吏，守节情不移。贱妾留空房，相见常日稀。鸡鸣入机织，夜夜不得息。三日断五匹，大人故嫌迟。非为织作迟，君家妇难为……”

末一句真是太妙了，我相信那些留用的国民党空军教员如看到那句，是一定会产生共鸣的。鲁迅写的“祥林嫂”也极好地表达了那句话。

令我印象深刻而困惑不解的是，该篇长诗中，府吏对他娘的陈述——“儿已薄禄相，幸复得此妇。结发共枕席，黄泉共为友。女行无偏斜，何意致不厚……”那句“幸复得此妇”中的“复”字真是太难理解了，以至于 60 年后我在研究张衡地动仪时，对《后汉书·张衡传》中又出现“复”字几不可解。那句话是——“阳嘉元年，张衡复造候风地动仪”。

留给我印象深刻的还有一诗，其中写到一名少女折了一枝桃花，花就问她“何为见损伤”。女子振振有词地说：“高秋八九月，白露始为霜。终年会飘坠，安得久馨香。”花却答：“秋时自零落，春月复芬芳。何如盛年去，欢爱永相忘！”这下，那女子就自然哑口无言了。她想了想，觉得花讲的倒是事实。

通过背诵古诗名作，我觉得自己的背诵本领在与日渐增。据说为蒋介石所尊崇的清朝名儒曾国藩，他的记忆力就是锻炼出来的。曾国藩少年时，某晚在书房中大声背书。当时他的书房上方有一个小偷，他觉得背书人背会后自然会离去，这样他就可下来偷窃了。谁知曾国藩一直背不出来，以至于小偷等得实在不耐烦了，竟从房顶跳下来，大摇大摆地走了，一路还背着那篇文章给曾国藩听。

我通过几年的自学，证明了大多数科目都是可以学会的。甚至是俄语，只要向他人学会发音即可。但唯有五线谱，我一开始学就马上放弃了。因为周围实在找不到一位能教我入门的人，而光靠自学，我怎么知道那些“豆芽菜”音符该发什么音？

但也有那种学完后才发觉是白学了的学科，如“形式逻辑学”。当我花了几十个小时认真读完一本苏联人原著的书后，才知一个 18 岁的成年人，他的社会经验已使他能完全掌握形式逻辑学中的几乎全部规则。例如那书中曾教导学生，他应该连用几个逻辑规则去证明下面这句话是不能成立的，即“如果 2×2＝4，则天下雪了”。

其实常人无须分析，就能一眼看出那句话是很荒谬的。

当时我还看了不少天文科普书，也在旧货摊上用 12 元买到了一架陈旧不堪的、口径为 3 厘米的长筒望远镜。将之擦洗后，对准月亮一看，竟被吓了一跳，眼前出现了一个明亮的结实球体，上面还布满了许多的环形山。

记得某晚，我在庭院里仰望天空中的各星座，忽然听到训练处长在喊，哪一个？答，胡宁生。你在黑头里干什么？看星。我想那处长会想，星星都一样，有什么好看的。当时也想起苏东坡描写星空的诗句：“大星光相射，小星闹如沸。”

经过三年多的不懈学习，我已学完了几乎全部的高中课程，甚至无师自通地学完了化学。至此，我觉得自己的翅膀已经够硬了，应该可以去考大学了，即使当时的考生人数比招收人数多至 7 倍。

中国童话大王郑渊洁的儿子的自学经历

郑渊洁对国内的中学教育不太认同，因此他决定不让自己的儿子上中学了。他的儿子就在家中自学由他亲自编写的独特讲义，当然就由他辅导了。郑渊洁还要天天写他的童话故事。

几年后，他儿子的文化程度不但赶上了甚至超过了普通中学毕业生的水平。他儿子今后也不去上大学了，因为他儿子已养成了扎实的自学本领，他想学什么就能学好什么。当然，他儿子是不会有大学文凭的，但他儿子完全能自己创业，这样就可以不要文凭(因为你如要为别人打工，那就非要好大学的文凭)。

等到他儿子长到18岁时，竟靠自己在网上赚到的钱买了一辆崭新的奥迪轿车并开回了家。

郑渊洁儿子自学成功的例子也证明了，人通过自学是可以成才和获得成功的。

世界上自学成才的名人有19世纪的大发明家爱迪生，他一生取得了一千多项发明专利，至今仍保持着世界纪录，他最有用的发明是电灯，最聪明的发明是留声机，这个巧妙的机器竟能把既看不见又摸不到的声音记录并重放出来。可爱迪生只上过小学，他的主要知识都是自学的。

自学成才的名人还有电脑奇才比尔·盖茨，电器发明奇人尼古拉·特斯拉，飞机发明人莱特兄弟以及大名鼎鼎的诺贝尔等。

就以南西为例，她是我的小女儿，可她幼年时，我们从不教她，记得她6岁时，在墙上贴了一张纸，上写某月某日白鸡下蛋一只，某月某日黑鸡下蛋一只，原来她已会写字，以记录我家养在阳台上的两只鸡的下蛋情况。

读者一定奇怪，你家怎么在阳台上养鸡，须知70年代还沿袭着从前自然灾害时食物缺乏而尽量自给的习惯，家家阳台上大多养着鸡以吃它的蛋。据说，某研究所还有人在阳台上养猪呢。

一次南西从幼儿园回到家说，今天老师给坐成一圈的小朋友猜谜语，我恰巧坐在老师的旁边，所以能看到书中的文字谜底。最后老师说，你们这群笨蛋，怎么一个都猜不出？你看人家南西多聪明，她怎么都能猜出？于是我问南西，你怎么会认得字的？南西答，每晚姐姐做作业时，我坐在一旁看着，问问就学会了。

孩子已成学习机器的现状似应改变

近年来，我注意到周围邻居家的孩子都成了永不得休息(睡觉除外)的、一直在学习的机器人。孩子从学校回到家后，就立刻要做作业，往往要忙到晚上 10 点才能睡觉。即使到了周末，也不得闲，反而还更忙碌。因为孩子既要参加各种辅导班(语文、英语、奥数等)，还要上各种兴趣班(诸如围棋、歌咏、舞蹈、钢琴、小提琴、古筝等)。事实上，孩子已没有了自己支配的时间。而不少家长还会把自己这辈子达不到的理想目标，一股脑儿推给孩子。不少父母整天只想着一件事——孩子的学习。

一日，我问电梯内的一位母亲，你和正上幼儿园的女儿去哪里？她答，去英语班。我说，她才那么点大，太早了吧！那位母亲回答，别人家的孩子已在学了。她如不学，将来上小学后还能跟得上人家吗？

作者也听过下列只能苦笑的笑话：外国小学生在享受童年期玩乐之时，中国小学生在苦读。外国大学生在苦读时，中国大学生在打游戏玩乐。

听说，不少发达国家的孩子都不会受什么学习罪。我专门问了一位法国中学教师，她说法国孩子没有中国孩子学习这么辛苦。法国学生在最忙的高中阶段，每天也只需在课外学习上花费 2 个小时。法国孩子的课外活动才是真正的兴趣班，它们有音乐、绘画、体育等。在法国，从未听说过有什么奥数班。通常，法国父母只把学习成绩很差的孩子送进补习班。对比之后，我想：难道法国孩子要学的课程只有中国孩子的一半？看来情况果然如此，中国学校的课程太多也太深了。回顾我自己一生的科研工作，虽然做出过不少成绩，甚至还破解过一些世界级难题，但我在工作中应用过什么课本中的高深知识吗？没有！我平时用得最多的是加、减、乘、除、比例放大缩小、基本的几何概念，经常用到的还有自己悟出来的近似算法。数学上用到的最高深的是微分、积分概念，物理学中最常用的是牛顿力学三定律和功能守恒定律。至于学过的高等数学中的微分方程、复变函数等，由于一次没有用过，根本就全忘了。统计下来，我学过的中学课程和大学课程在工作中只用到了约三分之一，那么剩下的三分之二都是白学了。

再看语文，过去的私塾先生和现在的不少家长都会要求孩子背诵三字经和唐诗。他们不想想，孩子怎么可能懂那么深奥的东西。硬要孩子背，那只会使孩子从小就厌倦学习。其实等到孩子长大再学那些东西，他们就能懂得三字经或唐诗的意思了，那时再去背它们，才能收到事半功倍的效果。

国内的科普书大多只是填鸭式地向孩子灌输“是什么”，而不是问“为什么会那样”，这根本不能让孩子养成独立思考的习惯。

现有的中、小学教材，基本上都是介绍前人取得的知识成果，不管那些知识学生今后能否用到，一律学了再说。这么多的内容，学生需要花16年的时间才能学完。其实，在现今这个互联网时代，很多知识是可以从网上的百度或维基百科上搜到而自学的。作者近几年就是这样从网上学到了大量课本上没有的知识，而且那些知识都十分详尽实用。所以，如果适量减少教程中的内容，应不会引起知识缺乏，因此削减课程内容应是合理的。学生可以省下几年的学习时间，其社会和经济效果是十分巨大的。

如果一味要求学生花大量时间去学习记住人类几千年积累下来的海量知识，这只会把学生打造成“会走的两脚书架”，这和“四脚不会走的书架”有多少实质差别呢？

即使多数人不再学那些高深的数学，也不会使数学就此停止发展，因为还有专业的数学家呢，他们可以继续发展数学。显然，其他学科也是不会停滞的。

现在的教学是为了极少数人将来会用到的知识，而要绝大多数人来陪读，这不是不合理的人力浪费吗？

本节发表的议论只是想说明，中国教育如果适当精简教学内容，并不会带来什么坏处，相反只会带来巨大的好处，而且精简教学课程还是切实可行的！以前有些单位就宁可接收中专毕业生，而不要大学毕业生，这就是一个佐证。

总之，对学生施教的方法可以是“多而粗”或“少而精”。显然，“少而精”明显优于“多而粗”。古人就知道：“授之以鱼不如授之以渔。”所以教会学生独立思考和自学，远比给学生灌输大量知识更为有利。

中国自学成才者的前途

我国自学成才者有光明的前途还是灰暗的前途？答案是，有相当光明的前途。对这个常人平时不会留意的问题，“百度”上有如下文字，现抄录于下：

“高等教育自学考试，简称自学考试或自考，是中国的一种对自学者进行自考的专升本毕业证书。它是以学历考试为主的，个人自学、社会助学和国家考试相结合的高等教育考试制度。该制度创立于20世纪80年代初，是新型的开放式的社会化教育形式。参加考试者不受性别、年龄、职业、种族、民族和已受教育程度的限制。已为美国、英国、法国、德国、日本、澳大利亚、加拿大等众多国家认可和承认。

全国统考，毕业证盖主考大学章和省自考委的章，国家承认，文凭硬度相对还比较高，在工资、人事待遇、考研究生、职称评定以及其他方面，与普通本科具有同等效力，同等条件下，自考毕业证、成考毕业证、远程教育毕业证的就业，相对来说基本上没有区别。”

有兴趣的读者可以从网上搜到更多细节。而那些国家规定足够说明：我国的自学成才者可以享受同普通大学毕业者一样的社会待遇，因此他们的前途是光明的。

离开航校

1955年年初，我向航校训练处递交了请求退伍的复员报告。于是训练处长找我谈话，他说："你是处里最有前途的教员之一，组织上不但把你从助教很快提升为了教员，还发给了你三等功本子，这是因为你制作的形象教育设备得到了空军司令部的二等奖，你在岗位上干得好好的，怎么就想退伍了呢？"我答：本人出身不好，将来势必会给部队增添麻烦。例如，一次我偶然看到一本教研组政治学习时每人发言的记录本，内有一页上白纸黑字地写道：胡宁生说他有个堂兄在台湾国民党空军里。天啊，我哪里讲过这句话？处长问，记录者还能无风起浪？我答，他把轻风写成了台风，我只说过我有个堂兄在台湾一家运输公司开卡车（不是开飞机）。这样的地方还能待吗？

那位处长不好解释我说的事，也许是他起了恻隐之心，居然大笔一挥，准我立即复员，但说，我无力帮你安排工作，你回从前的户口所在地自谋出路吧！

这样，我领到360元的复员费（相当于6个月的排长工资），并于当年5月份回到了上海，仍住在美丽园。3个月后，我就去了南京大学。在上海参加高考时，我的考卷上盖着"优先录取"的大印，这是教育部给复员军人的照顾，可是那个政策我没有用到，因为我每门科目都考了九十几分之高。但是国家对复员军人的优惠政策我还是享受到了，南京大学每个月发给我24元（够2个人的伙食费）的调干生助学金，这就保证了我今后4年里学习生涯的生活费（当时的大学对所有的学生都是全免学费的）。

第五章　在南京大学的学习经过和到南京天文仪器厂

开始学习天文

到南京大学后，我进了数学天文系，这个系实际上是两个独立的系，只是天文系要跟着数学系听大课，还要听物理系的大课。有趣的是，与那两个主课班相比，天文班学生的成绩却更好，而且天文班的足球也总能拿全校冠军。

到三年级时，天文班的学生要选专业了。一个专业是有 2000 年发展史的经典天体测量，而另一个专业是只有 100 年发展史的天体物理。我当时觉得，天体物理过于深奥，尤其是那个宇宙大爆炸理论，完全超出了我的理解力。天体测量虽然经典，但我如能发挥自己已熟悉的航空技术，就有可能改进天体测量仪器，从而达到一个更高的测量精度。这个潜在的前景使我选定了天体测量专业。

一次，系天文台的德国蔡司望远镜发生了电路故障，我自告奋勇去修理，结果我在弄懂了它的独特电路后，终于将那台望远镜修复如初。自此之后，我就经常能独自使用那台望远镜去进行自己的课题观测。

第一次参加天文望远镜设计

1958年,全国正在发动各种运动。那时南大在搞勤工俭学,我就参加了一台正规的天文望远镜的设计和制图,并由大学工厂真的加工了出来,再配上我班同学磨制成的镜头,那台望远镜制成后竟被送到市里展出了。当时就引起了展馆人员的怀疑:这真的是大学生自己做的吗?

在这架望远镜成功的鼓舞下,系领导头脑发热地要求我们学生在苏联顾问的领导下去设计一台用定天镜的中大型太阳望远镜。

当时因为有各种群众运动,所以我们这个班少读了半年的书,不久就毕业了,我也很自然地被分配去了当时新成立的中国科学院南京天文仪器厂筹备处。

到中国科学院南京天文仪器厂

我刚到天文仪器厂筹备处时,该厂既无厂房,更无设备,有的只是约十名干部和约二十名复员士兵。大学毕业的技术人员只有我一人,另有一名学过无线电的中专毕业生。那么,中国科学院为什么要设立天文仪器厂呢?因为如没有天文仪器厂去提供天文望远镜,就根本谈不上开展天文学研究,而中科院那时缺少宝贵的外汇去进口国外的天文仪器。

天文仪器厂筹备处的首要任务是选定厂址,当时选定了紫金山天文台北面山下的一大片丘陵桃园作为厂址。最初,选址人还未摆脱大跃进的影响,要把天文仪器厂建成"东方蔡司"(世界最大的光学仪器厂,在民主德国),因而计划征地广达近100万平方米。但是,最终还是理智地征了仅4万平方米的地,只是最初规模的4%而已。

仅一年多，厂房就建成了，厂里的各部门也基本齐全，大学生也有了十几名，技工也有了十几名，由他们带领几百名有中学文化程度的学徒工。一晃三四年过去了，可新建的厂却造不出一件像样的天文仪器，而我们那时又听到了一个不好的消息，中科院的领导部门已在考虑还要不要将这个厂办下去。

初获成果——观测人造卫星轨道的望远镜

正在这个节骨眼上，天文仪器厂突然研制出了一台天文仪器——紫金山天文台委托研制的天体测量仪器，它是一台能追踪国外人造卫星从而记录其精确飞行轨道的大视场、强光力、采用高级施密特光学系统的照相望远镜。那台精巧而只重2吨多的望远镜装到紫金山天文台后，只过了一个月，该台人造卫星轨道研究室就对之赞不绝口，当即上报中科院，要求尽快进行由院领导主持的鉴定会。中科院的院部起初半信半疑，以为紫金山天文台还在搞浮夸风，遂派人先到南京核实。后该人报告，重大成果属实。于是，中科院派副院长、著名物理学家吴有训来紫金山天文台主持那台望远镜的院级鉴定会。

会上，长春光学与精密机械研究所的吴学蔺学部委员（院士）说，这台望远镜对卫星轨道的观测精度能达1（角）秒，简直令人难以置信。但人卫组的使用者答，经我们使用实测，它真能达到1秒的国际先进精度。

当年，这台仪器就获得了中科院的重大成果奖，这自然也改变了中科院对天文仪器厂的看法。

以往，紫金山天文台给外宾参观的最大设备是20世纪30年代从德国蔡司厂进口的口径为60厘米的望远镜。但观测人卫的新望远镜投入使用后，立即就改为请外宾参观这台先进的国产望远镜了。据统计，在展出的最初十年中，参观过该望远镜的外宾人数就达到了8000人之多，起到了很大的宣传作用。

说到那台当时是远东第二大的德国望远镜，它刚投入工作后不久，日军就逼近南京了，于是紫金山天文台只好仓皇内迁。但几吨重的望远镜没法搬，所以只好把它那80公斤重的玻璃主镜拆下运走，途中，天文学家丢弃了自己的行李，才终于把那主镜平安运抵大后方的昆明，抗战胜利后又运回了南京，但那台望远镜的机架已遭日军轻微破坏而不能用了。直到中华人民共和国成立后，中科院才请蔡司厂来人修复该望远镜。

照理说，一个新成立的没有熟练技工和有经验的技术人员的仪器厂是不大可能在短期内研制出高精尖的大型望远镜的。可是承接该任务的研制组长却是有航空机械知识的人，那时我使出浑身解数，在吃透国外观测人卫仪器的全部特点后，用最简单而又能适应一个新厂加工能力的巧妙方法，画出了该望远镜所有部套的装配图，甚至包括电控电路图，再交给各位组员去画正规的装配图和拆成加工用零件图。不久，那台望远镜就完成了总装并开始进入调试阶段。紫金山天文台的工程人员来看后，汇报给了紫金山天文台的张钰哲台长（张台长20年代在美国学过天体测量，他擅长计算太阳系内的小行星轨道，还在美国发现了国人首次发现的新小行星，并取名为中华号而不是张钰哲号。他对艺术品的口味非常奇特。我在南大当学生时，有幸参观了他的卧室，谁知那床头柜上竟放着你们怎么也猜不到的观赏品——一具从美国带回的真人的骷髅头）。

张台长专程来厂，对那台天体测量望远镜进行考察。考察后，惊愕之余他当起了伯乐，马上要紫金山天文台党委提升挂靠在紫金山天文台的天文仪器厂技术员胡宁生为工程师。

张台长当时已判断出，那台望远镜必然是会成功的，否则他提前提升研制负责人，不会冒今后失败而贻笑大方的风险吗？

不久厂里召开全员大会，会上，张台长亲自宣布了工程师任命书。

之后，紫金山天文台人卫室利用那台专用仪器观测计算了国外人造卫星运行的全部规律，完全掌握了那些卫星飞经中国天空的坐标和到达时间。通过对那些预报和实际观测结果的对比，紫金山天文台就能迅速掌握人卫运行的所有规律，因此，在不久后的1970年，我国发射首颗卫星时，就能承担起卫星轨道设计和发射后跟踪观测的重要任务。

关于观测人造卫星轨道的望远镜，有兴趣者可看附录8.4。

紫金山天文台人卫观测组的各观测手在实际练习了几次后，都能熟练地使用这台人卫观测望远镜了。多年后，对一台同类的复杂新望远镜，他们就深感麻烦而不满。他们对新望远镜的设计师说，你们连自己去装软片都要20分钟呢，而我们从前的望远镜却只要一分半钟。他们还举例说，有一天晚上，观测手被闹钟吵醒后，朝窗外一看，那颗明亮的美国卫星已经来了。那观测手飞奔100多米进了楼顶的圆顶室，火速装上了4个底片盒，再打开园顶天窗，并将望远镜指向那颗人卫。那次，观测手居然成功地拍到了3张底片！

那台望远镜通过鉴定后，厂里一些学工科出身的技术人员并不服气。他们说，胡宁生是学天文的，搞天文仪器当然沾光，他如有本事，就在机械设计方面和我们比比！正巧那时有几个学术报告会，我就介绍了那台望远镜的特殊主轴系结构。我对已有几百年历史且完全成熟的机械轴系还能做出重大改进，我相信，即使是那些技术人员的老师听了这个报告，也应该会佩服了。

后面的附件中会详细地讲解这个轴系，以免有人怀疑我在吹牛。但这个内容的技术性有些强，文科人士可以选择不看，如愿看，倒也可看懂(见附件8.5)。

一次，厂里的管理人员问我，为什么车间工人都抢着加工你的图纸，说是你的零件最容易加工，既简单又精度不高。我说因为我头脑简单，所以设计不出复杂的零件。那人想想，倒也是个理。但后来他问了工人，工人却说，你正好讲反了，我们的经验是：头脑越简单的人，他的图纸就越复杂，而且精度要求还高；而头脑越是复杂且水平越高的人，他的图纸才越简单，而且精度要求还低。

财务科也反映，据他们统计，一件类似的产品，因设计者的不同，两种产品的成本往往会相差3倍之多。

研制发射我国首颗人造卫星的设备——光学跟踪经纬仪

通常，搭载人卫的火箭发射时，需立即测出并计算出那个火箭离地后的真实轨道，从而及时对它进行动力修正，以保证该火箭能正确进入预定轨道。因而在发射火箭时，至少需要两台能从不同角度跟踪观测并能实时输出火箭的方位和仰角坐标值的光学跟踪经纬仪(它比雷达跟踪经纬仪的精度要高得多)。天文仪器厂被指定为那种代号为651—18的光学跟踪经纬仪的研制单位，由我担任研制组长，规定要在两年内完成任务。当时，我先从英文资料中大致了解了这种仪器，然后到山上的紫金山天文台，用人卫室的测风经纬仪(一种测气球飞行的气象仪器)去跟踪飞行中的白鹭，以取得感性认识，最后决定由一名观测员用装在经纬仪上的那台望远镜在方位上跟踪目标。跟踪速度则由这名观测员调节他前面的驾驶盘来控制。同样地，另一名观测员就用他的望远镜在仰角上跟上目标。至于经纬仪两轴的转角值的电信号，是靠轴上的光学编码器来输出的。那种编码器是一个在玻璃圆盘上刻有65536格图形并用16个光电二极管来读码然后再放大输出的装置。当时，国内只有长春光机所才能制造出这种精密的光学编码器，但我在兴趣的支配下，决定自己动手来制造这种编码器，当时的技术条件是我厂已有一台从德国进口的精密圆刻度机以及自己具有的精密仪器知识。当然，在历经了不少困难后，并在同事们的配合下，我终于将那种编码器研制成功了。

等到仪器完成总装而进入调试时，西安光机所龚所长来厂参观。当他看到光学编码器时，以为这是长春光机所制造的，后来他听说是我做的，不禁惊叹不已。

1970年我国首颗人卫上天后，次年我厂收到了航天部门发来的对我厂制作的两种仪器能圆满完成任务的奖状。

45 年后，毕生从事航天事业的老同学潘厚任发来附有照片的邮件。内说，我昨天在北京中科院航天博物馆内看到一块石碑，上载 651—18 光学跟踪经纬仪系南京天文仪器厂研制，研制组长胡宁生。我想，那块石碑的寿命一定会比我长。

研究天体测量仪器的精度

1964 年天文仪器厂管生产的钱副厂长问我，你有什么理想抱负？我答，成为国际一流的天体测量仪器专家。副厂长听了半信半疑。此后，我就猛读国外有关天体测量精度极限的大量资料（我在上大学时，俄语是必修课，之后我又选修了英语，且养成了看英语文献的习惯）。当时我发现，凡测量东升西落的恒星经过当地（以重力的铅垂线方向为基准）天空中某一点的精确时间时，其测量精度远达不到由仪器误差算出的应有精度。综合仪器的总误差，再加上多次观测后，其平均值的误差应该更小等因素，算得的一夜对多星观测后，最后的总数据的误差应该达到 0.01—0.02（角）秒的程度。但世界的各种测量恒星运动的天测仪器的实际结果的误差都比那个理想小误差大了约 10 倍，而且世界上的有关专家都找不到那个增加了的误差值来自何处，当然更谈不上应该怎样去对付它了。

我研究到此，不禁又喜又忧起来。喜的是，我如果能找到那个该死的误差来源，不就能想出削弱它的方法了吗？我设计的新仪器的观测精度就能超过现有的精度，从而有望实现我的理想目标。忧的是，既然那么多外国专家都找不到那种误差，肯定是难以找到的，我能行吗？这是一个自找的研究课题，但我还是抽时间研究了两年。

当时，有些国外专家已怀疑那前述的不明误差可能来自气象方面，觉得这是个无从下手的研究课题，我也抱有同样的观点。为了能深入理解，我从市图书馆借到一本英文的《近地面气候学》，并将它仔细读完了。看了那本书后，我收获很大。书中说，一株植物在晴夜时，叶子两面的温度是颇不相同的，二者温差竟可达到几度（摄氏，以后同）。这是因为叶子的上半面对着较冷的天空，会因为辐射而降低温度。这效应就意味着，一台暴露在晴空下的夜间天测仪器，其各部分的温度都是不相同的。其后果是，仪器内的各关键零件都会有“温差”变形。这就提醒了仪器设计师们，必须克服那种温差变形。另外，恒星光从太空射入地球大气时，会产生所谓的“天文折射”效应，所以用天测仪器对恒星进行仰角观测时，还必须扣除那个天文折射角。而要计算那个折射角时，还必须先知道天测仪器上恒星光进口处的气温。常规天测计算天文折射时，常采用那放在观测室附近百叶窗内的普通玻璃管水银柱温度计。显然，在百叶窗内测得的气温往往会与仪器上星光入口处的气温有些误差。这意味着，人们利用百叶窗内的气温算得的天文折射往往会与实际的天文折射之间有误差，而这个由温度不准引起的误差就会严重影响天文学家对恒星仰角测量的精度。

找到了天测误差的祸首

学了《近地面气候学》及经过深入思考和实测后，我发现不但在观测室内甚至在一个垂直的镜筒内，各处的物体温度和它附近的气温竟都不相同。显然，物体的温差变形会使精密天测仪器产生测角误差，而星光在穿过温度不均匀的空气后，方向也会发生弯曲，从而给星光的方向带来直接误差。

我可以近似算出一个零件有温差后产生的变形量，然而对如何去算那光线的弯曲量却无从下手。

幸而一年后我看到了一篇美国人写的论文《阳光在穿过火星大气时产生的光线弯曲》后，才想到计算那种使光线弯曲的反常折射（角）的方法，并首次推导出一个简单实用的计算反常折射的公式。

我用日本政府的“外国专家来日研究的基金”在日本水泽国际纬度台

工作了三个月，并将测量观测室前的近地面大气反常折射的方法和计算公式在他们的台刊上发表（该台刊的宗旨是只登本台学者的论文，而外台学者写的，除非是很优秀的论文，该刊才登）。我提出的那个创新方法旋即被东京天文台所采用。

我对削弱反常折射建议采用的措施是，安放天测仪器的观测室必须采用观测时能全部打开的方式。另外，观测室的地板、四壁和仪器的外表都应贴上光亮的铝箔或薄铝板。此举的目的是使铝的表面温度不致因为辐射效应而过度减低。

至于想削弱镜筒内的反常折射，最彻底的方法是采用真空镜筒。就是在镜筒入口处装上有光学元件精度的玻璃厚平面以作为密封窗。然后抽空镜筒内的空气，这样就消除了能使星光产生折射的物质基础。但是这个密封窗的表面会承受大气压力，以至于窗上的总压力会大达上百千克。

我进一步研究后发现，如果将密封窗永远水平地放置，那么那种真空镜筒不但能摆脱镜筒内的反常折射，而且能把"天文折射"（几乎）全部自动抵消掉。

古天体测量学家已经知道天文折射的存在。因此人们必须在测得的天体仰角上扣去天文折射（若干秒），才能获得那天体的真仰角。天文折射的大小不但会因天体仰角的大小而大幅改变（从天体在地平时的约 35 分到仰角 90 度时的 0 秒），还与当时的气温和气压有关。天体测量者在计算天文折射时，常采用观测室外百叶窗箱内的玻璃管水银柱温度计上显示的读数，因此这个温度计测得的温度一般不会是镜筒前的气温。我发现，即使把日用的气温计放到镜筒入口处，其测得的温度也与该处的气温相差 1 度到 3 度。因此几百年来，天体测量学家测得的恒星仰角值都带有大气折射改正得不准的缺陷。

然而真要使用水平的密封窗来消除那讨厌的大气折射，就必须解决那个受压密封窗上的许多理论和工程难题。当然，我的设想还必须用实践来验证，这些在后文中会有叙述。

之后，我在国外连续发表了五篇反常折射的论文，加上首次用真空镜筒抵消了天文折射，我的那些工作受到了国际天测界的重视。到了80年代中期，我被国际天文联合会的天文折射分会主席任命为了当地反常折射研究的国际协调人。

我是怎样过英语关的

先讲一个小故事：1979年，紫金山天文台张台长向著名的美国天文学家，美国国家基特峰天文台和光学科学中心的创立者，杰出的天文望远镜专家迈耐尔教授夫妇发出访华邀请，请他们为天文仪器厂讲学一周。两个月后，迈耐尔真的来了。天文仪器厂在两个月前就选定胡宁生当外宾讲学时的翻译，因为他的英语在厂内已算是最好的了。一开始由迈耐尔夫人做报告，她介绍了美国的太阳能研究。她才讲完一段，我就流畅地也讲了一段中文。她虽不知中文讲得对否，却立即说，哎呀！你翻译得真流利！接着是迈耐尔报告他研究天文望远镜的心得，我也翻译得很流畅。报告中，迈耐尔一度想不起该用的词——“不是高不可攀的”，这时怪事发生了，我竟提醒他该用英语词汇“unsurmountable”。之后，迈耐尔曾多次对人讲起，胡宁生的英语很好。报告结束后，外单位的一位听众就打听：这个翻译是从哪国回来的？其实我那时还未出过国，而在国内也未参加过什么特别的英语训练班。那么，我是怎样学好英语的呢？且看下文。

我在教会小学学到的英语，在离校后就忘了个精光。

我在大学二年级时选修了英语，然后又把才学的俄语给忘掉了。幸而我们的英语女讲师对发音要求极严，而且教学效果又好。我毕业十年后，还找她修改过英文信件和论文。我深知学了英语必须马上就用，否则会立刻忘掉。所以我从三年级起，就经常去南大天文台的图书馆翻阅各国的期刊。到四年级时，我去图书馆就不必带英汉字典了。

我在天文仪器厂工作的几十年期间，一直保持着经常翻阅英文期刊的习惯，而且那些期刊都是我提出来要订的。

50年代末期，南京外文书店出现了英国版的“灵格风”英语教材，教材只有50课，配以一套朗诵唱片。每课由不同的BBC(英国广播公司)播音员朗诵，讲的都是标准的牛津英语，而且有声有色。我看到后，喜出望外，遂购得一套。其后就用祖传的名牌留声机不断地放那些唱片，直放到留声机的齿轮磨坏为止。结果，我居然能仿照播音员的声调把那50课全都背出来。

不久，“文化大革命”开始了。到了“文化大革命”中后期，天仪厂的大多数女职工开始热衷于打毛衣，而一些男职工却装起了半导体收音机。而我本人也在玩半导体收音机和电子管电视机，之外还背起了英语单词，甚至在食堂排队时也翻着小纸条背。当时，其他人都认为我蠢，还在那学毫无用处的外语。

“文化大革命”结束后不久，天文仪器厂招了一批研究生，我遂教了他们一年英语，用的课本是美国人写的《英语900句》。凡学过那本书的人，口语应无困难了。

1979年，在选定我当迈耐尔来厂讲学一周的翻译后，我在那两个月中，不但看了迈耐尔写的文章，还把它们录在磁带录音机里反复听，直到把那些天文望远镜的词汇都听会了。这样，之后我担任迈耐尔讲课的翻译时，才会那么轻松。

其实我的英语也只好在专业内容上，其他方面还比较差，当然比不上英语专业的毕业生了。

有一次，苏州刺绣研究所来了一位美国摄影家，他要报告“西方绘画史”。本要请的南京翻译因故不能去了，苏州的张所长就叫我去顶替，结果倒也完成了任务。但我觉得很可能是那个美国人看到来了个外行翻译，他就相应地用了简易的英语。

我因不会汉语拼音，所以不管邮件收信方是中国人还是外国人，一律都用英文写邮件。这样，写了几百封邮件后，倒也提高了我的英文书写能力。以上就是我学会英语的经过。

在研制光电等高仪上的创新

天文学家通过精密天体测量的实践，发现地球转动速度并不是绝对均匀的，并且其转动轴在地球表面的通过点也会不断变化。地球自转轴的微小摆动（一般仅在1角秒以内）虽不致影响到人们的日常生活，但会给天文大地测量及人造卫星发射带来不能容忍的误差。故在巴黎国际时间局和日本水泽国际纬度天文台的协调下，集中全球各国仪器之观测值（各仪器的测量结果有各自不同的误差）综合计算后，向各国发布最后的地球自转不均匀值，全球近60台仪器观测数据的“加权平均值”的误差会比每台的误差小得多。国际局同时能发现它观测网站中任一仪器的观测质量。

当时，北京、天津、武汉和上海共有三种（四台）进口的不同仪器参加了国际观测网的常年观测。那些仪器都是由观测员用目视观测恒星经过望远镜视场内各记录线的时刻的，因此各人观测的结果都有各人的“人差”，这也是限制天测仪器精度提高的重要因素。

40年代末，苏联首先在目视中星仪上改用光电记录恒星的运动，从而消除了“人差”。国内的中星仪在50年代也改成了光电中星仪并取得了效果，于是北京天文台的李东明就提出，把光电记录仪也加到从法国进口的丹容等高仪上去。于是，中科院下任务给天文仪器厂，再联合三个天文台的人员组成研制组，厂里定我为组长。我接到任务后，却把任务扩大成抛弃丹容方案，研究它的缺点——传统天测仪器中的折射光学系统的玻璃元件都会因夜间温度变化而变形，从而引起观测误差——后利用当时国内已能生产的热膨胀系数比光学玻璃小至十五分之一的熔凝石英来制造反射光学系统。但是反射光学系统的光轴极难保持稳定，因而传统上测量仪器是忌讳采用反射光学系统的。可我分析后发现，光电等高仪的观测原理却是不怕光轴那少量的不稳定的。在说服所有组员后，我提出了全新方案的(1型)光电等高仪。望远镜的光电记录器起先采用了北京天文台提出的仿中星仪方案，结果不行。于是我们又重新研制了新的不同光电记录仪，并取得了成功。

新老两台等高仪在上海天文台平行观测了一段时间后，证明我们的光电等高仪的观测精度已超过享有盛誉的丹容等高仪。对这个成果，《人民日报》做了报道。

1型光电等高仪研制成功后，中科院又下任务让我们做三台，以淘汰北京天文台及上海天文台的丹容等高仪，第三台给云南天文台，我不满足于1型的设计，遂将口径从15厘米增大到20厘米，以便能观测到更暗的星，而2型的外形和重量反而比1型小。

2型光电等高仪的最大改进是在天测仪器上首次应用了真空镜筒，结果是它真的消除了讨厌的天文折射和镜筒内的反常折射，还使仪器的维护大为简化。因为，原来每两小时就要刮除水银面上氧化层的麻烦操作被完全省掉了，这是因为水银在真空环境中已不会再氧化了。

1976年“文化大革命”结束后，美国派了一个由多位天文台长组成的天文考察团来华，他们在考察报告中写道：“近年来，中国天文仪器的最大成就无疑是光电等高仪，这是一架全新结构的仪器。”几年后，在一次国际天文联合会的大会上，一家英文期刊破例将我写的光电等高仪的论文印了2000份，发给了全体与会的各国天文学家。

1984年，我在日本国际纬度天文台工作时，该台某部长给我一份他们对上一年全世界约60台天测仪器的观测精度进行的排名，说我设计的三台光电等高仪排名第一、第二和第四，算得上是绝对冠军了。

三年后，在美国召开的国际天测技术会议上，我报告了真空镜筒在天测仪器上的应用并获得了好评。会后，我被选为国际天文联合会天体测量分会的组织委员。

用2型光电等高仪测得的等高星表也达到了很高的精度。中国测地界用它改编成的测地星表获得了国家科技进步一等奖。

欧洲空间局ESA在80年代设计的依巴谷太空天测卫星内的主要特殊望远镜的光学系统碰巧与十年前先问世的光电等高仪一模一样，于是那ESA设计组就通过他们的丹麦顾问向我询问设计经验。

我在天体测量仪器上的成就受到了日本国际纬度天文台的重视。自1983年起，该台曾两次向日本有关部门申请外国科学家来日工作基金，以请我去改进他们的几种仪器。该台把给日本文部省的申请书也寄给了我一份，其中写道："招聘理由：胡宁生在光电等高仪及真空照相天顶筒等高精度光学仪器上做了开拓性工作。本研究所负有提高光学观测仪器精度的任务，故请胡宁生来共同研究地球自转观测用的新型光学仪器，并对我国(日本)的照相天顶筒、天顶仪和等高仪做改进研究。"

不久后，我就收到了日本文部省发来的"日本政府外国科学家来日研究奖金获得者"通知。

至此，花了20多年，我终于实现了那次对钱副厂长讲的我在天测仪器上要达到国际水平的理想。

地面天体测量的消亡

但是意外发生了，仅过了几年，已有上千年历史的地面上进行的传统天体测量技术竟被太空等新技术淘汰了。

原来，那时欧洲空间局发射了一颗空间天测卫星，主要用于测定几十万颗恒星的相对位置以编制星位表。以前，这编星表的工作已进行了上千年，但地面观测的精度因受到大气影响已达极限，然而空间天测因为在真空环境中观测，就可以完全摆脱大气的限制，其精度竟高过地面天测达几十倍之多，因而立即就抢走了地面天测的星表工作。

另外，新出现的激光测人卫精密距离的技术和甚长基线射电干涉技术又抢走了地面天测那测量地球自转的技术。这样,剩给地面天测的任务就只剩下测某地的铅垂线方向的微小异常了。(那时,测量某地的垂线偏差有两个用途,一是可为巡航导弹提高其命中率,二是可用做地震预报参考。)

但我在经典天测消亡的前夜,似乎已达到了顶峰,因为在1988年一次天测的国际会议上,我做了特邀报告——“论提高地面天测精度的途径”。这篇论文后被刊载在国外的《空间天体物理》上,虽然那论文讲的是地面。

“文化大革命”结束后的两年,中央又重新开始重视科学工作了,并决定于1978年召开“全国科学大会”以资鼓励。南京遂要各单位上报先进科技人员及事迹,以选出赴会代表。当时,各候选人中似以我的两项人卫观测仪器以及光电等高仪最为突出,遂入选八人代表团,且获得了全国优秀科技工作者奖状(八人中获奖者仅两人),八人全算全国劳模(当时名画家刘海粟只是省劳模,这未免太委屈他了)。会后不久,我就当上了省政协委员,不久又被选上了两届全国人大代表。

这就好比中国好不容易在奥运会上拿到了某赛项的冠军,可仅保持了几年,奥运组委会却宣布今后取消这项赛事而代之以一项新增赛项。那时,有好些人对我表示惋惜,但我认为,我过去十几年改进天测精度的努力并未白费,因它培养提高了我的科研能力。这样,我虽不能再搞天测仪器,但按推理,我如改搞其他天文仪器,如观测太阳的仪器,也应该会崭露头角,也应能做出相当的成绩来。

开始研究观测太阳的仪器

不久我被指定为中方代表,去参加一项欧洲国际合作预研项目LEST。那是一个有十国参加的口径大达2.5米的太阳望远镜项目。当时该项目已开始了几年,LEST的2.5米镜筒必须抽成真空,否则筒内的热湍流将使太阳像模糊到完全无用。但是，真空镜筒前一定要加一个大密封窗，而工程上又做不出那么大的特厚光学玻璃（几十厘米厚才能抗住压在大密封窗上几十吨的大气压力）。

但是LEST认为，如在密封镜筒里充满氦气（氦的反常折射比空气小6倍），使得镜筒内的气压等于外界的大气压，那么密封窗将不受压，它就可以采用薄玻璃，从而解决制造厚玻璃的难题。该组欣喜之余，遂请美国正在工作的两台有密封窗的真空太阳望远镜（一台口径为0.6米，另一台口径为0.8米）在镜筒内充氦实验。美国人试后说，0.6米那台试后，太阳像仍是好的，可0.8米那台的像却坏了，而且原因不明。LEST一想，0.8米都不行了，那2.4米就更不行了。此后，连续3年的年报末尾，都说这问题还未解决，而且好像无望解决了。但这个重大的问题又决定了LEST是否可行。

我了解到此问题后，仗着自己有研究反常折射的基础以及较强的探索能力，便开始了对此问题的研究。经过两周的研究后，我终于弄清了为什么一台行而另一台却不行的深奥原因。我当即写了一篇论文，并用电传通知了LEST的主席（瑞士太阳物理学家）。那主席吃了一惊，这个中国人没去过美国那两台望远镜的现场，怎么可能弄清原因，真奇了怪了。等他看到特快专递寄达的长篇论文后，又觉得这不是胡闹，遂寄来机票，请我去开会。会后，又请我进入LEST的三人技术指导（比顾问高）小组。

乍一看，那两个望远镜成像一好一坏的原因根本不知从哪里去想，即像"老虎咬天，无处下口"一样。我从自己的思维习惯出发，认为先要搞清太阳望远镜中能使像破坏的物理机制。我通过以前对天测仪器内反常折射的长期研究已了解到，光线在温度不均匀的镜筒内会发生周期较长的系统偏折以及周期很短的不规则（方向和幅度上）抖动。这种星象抖动在望远镜用高倍率看星时是十分明显的，而引起这种星位抖动的主要原因是，星光通过的低层大气中存在的大量温度不均匀的移动的（由风引起）小气团。显然，各小气团的温差越大（相应的空气密度差及折射率差也就越大)，星象抖动的幅度也越大。夏天，柏油马路被晒热后，近路面半米内的气团都处在十分纷乱的湍流状态，以至于我们贴近路面时，看到的远景都在高速晃动且相当模糊。

太阳望远镜内被阳光照到的镜子也会升温几度，于是也会像被晒热的路面一样产生湍流，从而使望远镜成的太阳像既抖动又模糊。

我以前就从美国的《天空与望远镜》期刊上知道了美国那两台真空太阳望远镜的详细情况。知道那台 0.8 米的是折射望远镜，它的头部内有两块紧连着的大反射镜，那反射镜表面虽镀有吸热很少的铝膜，可经阳光照射后仍会升温几度，这样，两块大反射镜上的氦气湍流就会使通过它反射的阳光产生明显的扰动，从而破坏了像质(如果平面镜上是空气，那它引起的像质恶化就会比氦气时大 6 倍)。这就很好地解释了那台 0.8 米的太阳望远镜内即使充了氦，可太阳像仍然会模糊的物理机制。

可困难马上就来了，为什么 0.6 米的太阳望远镜那装在特粗镜筒底部的镀铝大反射主镜在被晒热后，氦气湍流却不会使像质模糊呢？这个深奥问题是要费一番功夫才能明白的。

我合理地进行了推论和猜测，可能是 0.6 米的大反射镜上的湍流很小，以至于小到并不能明显破坏像质。但是怎样去定量证明这一推测呢？那要用到非常高深的流体湍流理论，其定量计算之难，只有几位世界顶级流体力学专家才能勉强胜任。

可我在浏览了流体力学和传热学的书后却悟到，工业锅炉外的绝热层的不烫表面的热学情况和被晒后的镜面的热学情况是基本一样的，于是我找了传热学中对锅炉表面的热学情况的分析，结果意外地发现竟完全能解答我的难题。近一二百年，世界顶级流体力学专家已把锅炉表面的热气团特点完全研究透彻了。他们指出，什么条件下锅炉表面会产生湍流，何种条件下会产生层(片)流，而层流只会使太阳像的细节产生少许并无大碍的变形，而不会使像模糊。对一个热表面上的气体产生湍流的条件可由一个专门的公式决定，它考虑到发热体的大小、温升大小、气体种类、发热体四周的空间大小等因素。用这个公式算得的值如果大于某实验给定值,那么这时的气体会是湍流状态;如果小于那个给定值,那么气体就会是层流状态。于是,我用该公式对前述两台太阳望远镜上的气体状态做了定量计算,结果发现:0.6米的太阳望远镜的气体是层流,而0.8米的望远镜的气体是严重湍流。这个结论的直观解释就是,0.6米的反射镜旁的空间很大,以至于热镜面上的热气流一旦上升后,四周的冷气体就能顺利补入而形成层流。但0.8米的镜面四周几乎没有空间,这样,热镜面上某点的热气流上升后,其留下的空位就只好由相邻的小气团来补位,从而引起严重湍流。

以上详述了如何利用知识积累和相关学科研究成果来破解这个能难倒不少外国专家的难题。我很为自己能破解这个别人破解不了的世界级难题而自豪。

我再将前述的重要公式用到LEST上,结果发现LEST也是湍流。其原因是,它的镜面周围缺少大空间。而要使镜面上不产生湍流的唯一办法是,用风扇强制吹动筒内氦气而形成层流,并指出这个实验还不能在缩小的模型上做而必须在实体大小的仿真模型上做。我还说,天文仪器厂可做这个实验,并报价15万美元。结果LEST嫌贵,决定自己做。他们买了一个铁路货车上的大油罐,内装氦气和激光干涉仪,以检测大铝板代替镜面用电加热后的成像情况。两年后,他们的实验报告完全证实了我之前提出的两个预言。

我的一次外交活动

1981年,中国科学院组成一个光机界的6人小团,去奥地利参加国际光学学会的大会,指定著名的王大珩院士为团长,王说他已三十多"公岁",让年轻的胡宁生当团长吧,他在大会上还要做特邀报告呢。不料,当时的团长还有政治任务,中科院交代,中国台湾团如以"台湾"名义参加,我们团就要抗议退会。我想，不好，这次要白去了。

到奥地利会场报到后，问中国台湾有没有派团来？会务组说来了。我又问，他们登记时自称什么团？对方答“台湾”。我一听头就大了，但又不甘心退会，遂请学会的干事通知台湾团，要开一个三方会议来协调一下。经过协商，中国台湾团长倒也通情达理，他能体谅大陆科学家头上的政治压力，同意我方坚持的在“台湾”前面加上“中国”二字的建议，他们团长私下说，我们不叫中华人民共和国台湾省，而叫中国台湾。那次交涉真是意外的双赢结果！

后来，台湾团长提出，你们既然要我们称中国台湾，那么为公平起见，你们要称中国北京。这却是中国政府不能接受的。后来对方让步，说你们叫中国，我们叫中国台湾。

那次国际会，我收到特邀报告，这特邀报告是知名天文光学权威迈耐尔写的，迈耐尔是美国光学学会理事长，这次大会的组织者之一。至于迈耐尔为什么邀请我，又引出了新的故事。

一年前，我给迈耐尔寄了一篇论文，题目是《检测大望远镜光学系统的一种新方法》。迈耐尔觉得该论文很好，就请学会的会刊《应用光学》尽早发表。期刊按例来信，要我交 300 美元。但那时，中国对外汇只进不出，我无法汇钱出国(也穷得付不起)。

后来，那期刊买了理事长迈耐尔的账，还是登了，又说按规定你已是美国光学学会的会员，每年得用美元交会费，但你又不能付，那就算了吧！会员享受的每年 24 册的期刊，看在理事长的面上，就免费寄给你了。

迈耐尔夫人对中国误解的往事

迈耐尔教授夫妇首次来中国讲学是 1979 年。他们是应紫金山天文台张台长的邀请，来给中科院的南京天文仪器厂讲学一周的。迈耐尔教授夫妇回去后不久，图森市(美国天文学之都)的一份市区报上就出现了具名玛乔丽(迈耐尔夫人)的文章,标题是《我们像囚犯一样在一个监狱一样的国家待了一周》。

这事马上就被在图森的中国科学院的外派进修人员反映给了中科院外事局,外事局遂要紫金山天文台和天文仪器厂汇报此事。我系迈耐尔夫妇做报告时的翻译,紫金山天文台则出了一位年轻的天文工作者来照顾外宾。

我就去信问迈耐尔夫妇,那篇文章究竟是怎么回事?

对方觉得事态严重,遂通过紫金山天文台的外国顾问,也是迈耐尔夫妇的老朋友,亚利桑那大学的终身教授范章云(华裔)向我们解释和道歉。范教授事后告诉我,迈耐尔夫妇为此郑重地约见了他。范对迈说,你们西方人不了解中国国情,你俩在他国时,会有人把你们当贵宾而天天跟着你们吗?他们还专门派了天文学家来终日照顾你们。你们怎么可以把热心主人的“over done”(做过头)当成恶意的监视呢?

既然误会已经消释,对方也已承认了错误,那么我们应以中国人的宽大胸怀,就当没发生过这回事,于是我在征得外事局的同意后,遂邀请迈耐尔夫妇在他们方便时再次访问中国。这样,数年后,迈耐尔夫妇果然再次来访,作为厂长的我这次全程陪同,还和他们共同访问上海,直到将他们送到机场。

从此之后,迈耐尔夫妇一直与中国天文光学工作者保持着长期的密切联系。20 世纪 90 年代,迈耐尔还担任了中国大科学项目大天区面积多目标天文光谱望远镜 LAMOST 的科学顾问并再次来华讨论。

在迈耐尔病重期间,时任中科院南京天文光学技术研究所所长的崔向群还专程去慰问他。他回顾说,纵观世界天文光学领域,最有创新精神的人有两个:一个是中国的苏定强,另一个就是我了。

迈耐尔教授在 2011 年去世后,我方发给他家人的唁电如下:

亲爱的迈耐尔教授家人:

惊悉迈耐尔教授逝世,我们十分悲哀又难以相信我们竟失去了这么好的老朋友。

在我们眼前浮现的是，迈耐尔夫妇和我们在过去30年来的密切合作和深厚情谊。

迈耐尔教授是一位杰出的天文学家。在20世纪六七十年代，作为天文光学的先驱者，他不仅创建了美国基特峰国立天文台和亚利桑那大学的光学科学中心，并且创新发展了全新的多镜面望远镜(MMT)概念，从而为下一代天文大望远镜的发展指明了方向。正因为有他的科学预见和不懈努力，图森市才终于成了重要的国际天文光学基地。

迈耐尔教授不但能诚挚地对待我们，而且十分关心中国天文光学的发展。在他1979年首次访问中国时，不但详细介绍了天文光学在西方的进展成果，而且对中国的2.16米望远镜中折轴光学系统中创新应用中继镜的方案给出了很高的评价。1980年，迈耐尔夫妇和苏定强、王亚男在得克萨斯7.5米大望远镜和一台10米亚毫米波射电望远镜等预研项目中进行了合作研究。

1998年，中国科学院的路院长聘任迈耐尔教授为中国科学大工程——大天区面积多目标光纤光谱望远镜(LAMOST)的顾问。当时，他十分赞赏LAMOST中具有挑战性的利用主动光学的方案，并提出了他的一些宝贵意见。

当LAMOST于2008年实现时，他遗憾地因健康原因而不能到中国来目睹这一重大成果，但他派了女儿芭芭拉出席了那望远镜的开幕典礼。

迈耐尔教授人虽然走了，可他却永远活在我们心中。

苏定强院士，王亚男教授，崔向群院士

第六章 退休后的工作

成立新产品研制所

我退休后，成立了南京文明人新产品研制所，又工作了 20 年。

1992 年我退休后，仍为天文仪器厂工作了两年。一是去西班牙安装了两台望远镜，一台为 0.9 米，另一台为 1.5 米；一是去日本安装我设计的 1.01 米望远镜。1994 年，我成立了私营研制所，取名为文明人新产品研制所。“文明人”在西方被看成是已开化的人，以与原始人相区别。

我的小研究所成立后，有职称的技术人员只有我一人，技工有两人，其余七人都是下岗工人。可那个小研究所却能争取到天文台和光机所不少复杂中型的、特殊的天文仪器研制任务。

例如，陕西天文台和安徽光机所各订了一台 30 厘米（选址）的望远镜，北京天文台订了两台 35 厘米的真空太阳望远镜（其中一台去了美国一所大学的天文台，至今已工作了近 20 年）；为中科院天仪公司制作了一台 1 米的专用望远镜、一台 40 厘米的太阳望远镜和一台 6 米的射电望远镜的抛物面天线和机架，为广东阴那山天文台做了一台 30 厘米的太阳望远镜。另外，还为一家日本小公司做了一台高温太阳炉、两台 20 厘米的激光通讯镜筒和一台 14 厘米的紫外望远镜，因为该用户急需在一个半月就交出一台紫外望远镜而日本国内没有一家光学公司说能做。与本所有业务关系的日本公司用电邮问我所能不能做，我回答说能吧！结果那家日本公司中标。一个半月后，那公司的经理到南京验收产品，提出要到生产现场看看，我推说敝所在军事禁区内，外国人免进。我怎能给他看我所设在很长的防空洞内，且终年恒温的简易光学车间和自制的土设备。其实，那块16厘米的熔石英非球面主镜是本人亲手磨制的，结果那日本人赶紧带着刚合格的产品飞回东京去了。此后，那家公司对客户夸下海口，本公司承接任何特殊光学元件的研制。本所还为天光所的LAMOST项目试磨成一块直径约1米的高精度六边形长焦距球面镜。本所加工出的最高水平的光学元件是北京天文台的真空太阳望远镜那大而厚的密封窗。那玻璃密封窗的直径达到1.1米，厚度达到6.5厘米，结果我用自己创制的特种激光干涉仪，在一名工人的配合下，利用人工修光程的高超技艺，居然在0.8米的通光直径内，使透过全区内的光程差均匀性达到了十几分之一波长这难以置信的高精度。而且这个大密封窗还是在一边处在真空，一边有几吨大气压而受力变形的实际条件下磨制和检测的。完工后，北京天文台以要求严格出名的光学专家王森亲自来检测验收。事后她留下一句话，说胡老师的点子多。

本所在20年中完成的较大工程是中国香港太阳馆内的一台35厘米的太阳望远镜。该馆请太阳仪器专家来大陆考察了中科院天仪公司(前天仪厂)后，已初步定下由该公司做。后他们访问太阳物理的方成院士后，方院士说文明人所也会做。于是用户在访问了设在防空洞内的我所后，要我所也提一个方案并报价，我遂用英文提了一个方案并报了价。之后，我闻知天仪公司的太阳仪器权威已先提了方案和报了(秘密)价，我就正式通知客户，本所退出，以免与母公司竞标。于是，港方当然就只请公司方去港洽谈技术问题。天仪公司遂派太阳仪器权威带队去港了。谁知那权威竟说对方专家提出的是无理又不能达到的技术要求，还影射那专家连这点都不懂，从而惹毛了对方，以至于任务告吹。之后，港方用户说他们欣赏我的方案,并说和天仪公司达不成共识。在此情况下,我只好和港方公司签下合同。

那台太阳望远镜在中国香港的马湾岛,从 2012 年 6 月起,无故障地连续工作到 2017 年(且从不关电源,让电控部分 24 小时工作)。直到当年夏天,一场强台风竟把望远镜的 6 米圆顶(澳大利亚某厂产品)整个吹到远处的树林里。幸运的是,那台不锈钢的太阳望远镜竟抗住了圆顶对它的撞击而未被撞坏。只是全套电控被大雨浸坏了,不久,就由当地一家科技公司换上了新升级的电控系统。

承接的高精尖项目:研制力矩控制陀螺

1994 年,北京天文台艾国祥院士的高空气球上的太阳望远镜项目上需要一个大型力矩控制陀螺,以抵消那用长绳挂在大气球下的吊篮的摆动,这样望远镜才能始终对准太阳。那种力矩控制陀螺是日本宇宙科学研究所的矢岛信之教授新设计的且只做过小型的,接着俄国人也学会了。但北京天文台研究小组虽拿到了一份日方资料,但还是弄不懂,艾院士遂给我一份复印件说,请你钻研一下,我太忙没有时间,若有一个月时间,我就不信弄不懂它!他这样讲是他晓得这个玩意是不好碰的,因为他的小组才向俄国航天部门订购了这种陀螺。但对方答,从你们提的不合理的指标可以看出,你们都不懂这种陀螺仪,这叫我们怎么做呢?该小组本想向日本宇宙所订,但矢岛回复,不是我不愿做,我对中国是有好感的,只是日本政府一看到控制力矩陀螺这几个字,就知道它是高精尖产品,显然是禁止向他国出口的物资,所以我就是做了,也只会白做。

一个月后,北京天文台为之召开了招标会,国内来了三家:某国家级陀螺实验室、上海天文台和我的小所。北京天文台还请来了那种陀螺的设计人矢岛教授。矢岛先讲学,讲到为什么要用这种陀螺时,他们说也试过别的办法,但由于是在吊篮内部控制,依照动量守恒定理,其他方法都失败了。但我临时提出一个方案，就是在吊篮上装四个电风扇吹，这样就可以用外力来制动吊篮了。矢岛提醒我，3 万米高空中没有空气可推。我说，那里还是有百分之一的空气的，因此如果电扇的推力在地面时能达到 1000 克，那么在 3 万米的高空中，电扇的推力还有 10 克，而用那个小力来阻止 1.6 吨的吊篮那 1 角分的摆动，我粗算一下，电扇吹 4 分钟就够了。次日矢岛说，昨晚我也算了，结果是 4 分零 4 秒，我们(日本人)一直认为吊篮外是没有空气的。胡教授提的方法我们为什么没先想到呢？之后是三家公开竞价和报交货时间，这留在后文再讲。

毫无阶级斗争观念的日本宇宙科学研究所

次年，矢岛教授请我去访问他的气球工学研究室。他顺便也请我参观了该所已在总装调试厅内的一颗日本卫星，并说为了不妨碍人家，我们午餐后用休息时间去吧。结果我们顺利地进入了没锁门的、又空无一人的卫星大厅，看了装在四个爆炸螺栓上的卫星。

之后，我们也看了躺在地上的大火箭模型，还拍了我自己穿上宇航服在地球背景道具前的合成照片。

那天看过宇宙所后最大的感慨是，日本人毫无阶级敌人观念，马路上的任何行人都可以通过低树带进入所区，还能顺利进入既无锁又无保安的装配大厅。但是多少年来，还真没有发生过坏人破坏事件！

矢岛请我吃饭时，吃虾居然不吐壳。猜为什么？答案是，他说壳中的钙不应浪费。

在北京天文台的项目中标后，我想起几十年前我在航校中已知道飞机螺旋桨有陀螺进动效应及其作用效果。接着，我用了两周时间，用洗衣机电机再加一个控制电机及相应机构，做了一个力矩控制陀螺原理的实验模型，并拍了一些照片，可以说基本上摸清了那种陀螺。

那次竞标会上，陀螺实验室(还是国内最大的)的教授首先说，我们对这种新陀螺还无研究，只好粗略报价 500 万元，5 年交货。第二家上海天文台做过气球望远镜的资深教授说，我们研究后决定报价150万元，3年交货。我们做过的吊篮姿控精度高达6秒，完全能满足北京天文台那1分（60秒）的要求，不信你们可查发表在上海天文台台刊上的论文。矢岛当时就不相信这个精度，事后北京天文台那组查到了那篇论文，内说精度是6分（360秒），而那资深教授竟把6分说成6秒，说明他一定未参加过具体研制工作。我所还未报，艾院士说我们在这个项目上的经费一共才50多万元，其中40万元要派博士生到日本宇宙所在矢岛教授的指导下做出整套闭环电控系统，可以留给那陀螺及一个也很难的吊篮反捻器的只有16万元，时间也只有1年。之后，上海天文台那代表说，16万元我们也可以做。北京天文台人遂问，那你刚才怎么报了150万元。最后我说，本所接受16万元做力矩控制陀螺及反捻器的全部机械整件，电控系统由那博士生去日本做。艾院士遂问那博士生愿与哪家合作？博士生答，胡老师。显然北京天文台就将任务交给我了。

我们制造的那种陀螺完全是由我设计的并由南京航空学院最好的机床和技工加工的。陀螺的两个飞轮也由南航的教师在专用的复杂动态平衡仪上校正。设备上的最高精度级滚珠轴承由日方从瑞士购得后寄给我们。几个月后，产品通电试车。谁知那高速陀螺产生了剧烈震动并发出小摩托车那样响的噪声。故我只好自制一种简易而巧妙的测震仪器来重新平衡那陀螺的大飞轮，直到陀螺转动时的噪声与冰箱运转时的轻微响声相当。那两台设备只用了9个月就提前交货了。

全套力矩控制陀螺连机架共重40公斤，它在北京天文台运转得很好，航天部门得知后，也来参观了这个成果。

气球吊篮及大望远镜总装完成后，北京天文台向有关单位通报。艾院士总结他们的国际合作经验为四个字"二国三京"，即中日两国，北京、南京和东京。

不久，气球带着望远镜在河北某基地放飞。气球上天后不久，无线电联络就发生了故障。最终气球飘到山东黄河入海口，眼看就要飘出国境了，只好立即发出抛下吊篮并打开降落伞的指令。看来气球倒是抛掉了吊篮，但降落伞有没有打开就不知道了。北京天文台马上派人去那里查找掉下的吊篮。一到那里，就发现黄河入海口是茫茫望不到边的芦苇滩，那是没有人烟的泥沙新生地。有一位渔民说，曾看见一个冰箱似的东西从天上掉下，同时手指向那东西掉落的方向，可解放军的一名雷达手也看到他的雷达屏上有个光点掉下，却指向了另一方向。当时推想大降落伞或许还浮在海上，遂请海军去找，但海军也找不到。又租了加拿大的一颗卫星，也未找到。最后海军说，如一定要找，要动用好多军舰，费用会达到800万元。这吊篮可能钻到地里去了，海军即使找回降落伞，又有什么用？于是只好停止搜寻。

研制组众人安慰艾院士，这次摔掉望远镜还不是最坏的情况，有一种情况会更难向上级交代，就是万一回收了望远镜而发现它观测到的太阳资料是零。

事后，北京天文台上报中科院说，那年基地共放飞了9个各式高空气球，但没有1个是成功的。言外之意，难怪我们会失败了。

艾院士本想用高空气球太阳望远镜来证明北京天文台有能力完成预研了几年的特大科研项目——太空太阳望远镜，没想到这个气球望远镜的失败直接影响到太空望远镜不能立项上马了。

事后追查事故原因，当然是搞无线电的人责任最大。但有无可能是胡宁生搞的反捻器的80根薄钢带在猛受力时拉断了呢？于是小组对多余的钢带做了拉断试验，结果那些钢带的安全系数高达10倍。我指出，从飞机上跳下的人因速度极高，所以在开伞时，人瞬时受到的拉力会达到3倍体重。但气球吊篮开伞时，吊篮几乎没有下落速度，况且高空的空气阻力也只有低空的百分之一，所以伞对吊篮的拉力极小，可能只有篮重的百分之几。他们又猜，反捻器内的那些薄钢带在高空零下65度时会否失去强度呢？我答，我在设计时就从偶然获得的美国海军部印制的北极地区装备设计指南上查过，普通钢即使冷到零下80度，仍不会明显丧失强度。所以，事故与本人制作的反捻器绝对无关。

《美军北极地区装备设计指南》的作者还道出了1812年拿破仑在莫斯科大败的一个天气原因。那时法军的裤子不是用皮带而是用锡做的大扣子系住的，结果莫斯科冬天的严寒使晚上放在地上的锡扣子都冻成了粉末。法国士兵在战场一时又找不到绳子，而俄国兵却已经打来了，于是他们只好一只手提着裤子，一只手作战，这样的法国兵怎么能打得过两只手参战的俄国兵呢！

参评院士落选记

不止一次有人问我，你怎么还不是院士呢？我只好老实回答：有次单位动员本人去参加院士评选，我遂写好材料报了上去。

上面有关工作人员一看报者的专业是“天文仪器”，但是工程院士专业中并没有“天文仪器”这一种，于是他就把本人放到了“运载工具”项目里去评。这运载工具可是一个特大项目，它包括航天飞船、火箭导弹、军用飞机、海军舰艇、核潜艇等超大工程。于是，那些已完成任务的正、副总工程师，正、副总工艺师等人都来评院士了。须知那些特大工程的投资和社会效益都比区区天文仪器大上几万倍都不止。许多人竞争那16名新院士名额，投票结果是本人得票数位居17位，正好落选。

等到下次再评院士时，本人已超龄了。

第七章　写科普书

以下是我写科普书《趣味力学现象》及连破四个世界力学难题的经过。

《趣味力学现象》的评奖结果为:1. 参加中科院优秀科普作品评选时落选了(24 本中要评出 8 本);2. 参评 2017 年江苏省优秀科普作品时,得二等奖;3. 评为 2017 年全国优秀科普作品(每年从约 1 万本书中评出 50 本);4. 读者看后认为该书如何? 5. 你预测该书的外文版能在国外得奖否?

当我年届 80,感到自己的体力已不能再胜任研制任务了,因此就看起纪实性的电视频道来。那些已译成中文的英国广播公司 BBC 的众多纪录片(据说共有五万小时之多)解释了不少有趣的自然和物理现象,我就对那些解释做了进一步的思考,从而萌生了写一本力学科普书的念头。

当然,书名似以《趣味力学》最为适宜,但是那个书名已被俄国科普大师别莱利曼在 100 年前就采用了。他那本书被译成多国文字,在世界上风行了 100 年,累计销售量达到 1000 万册以上。所以,我的书名只好取与其不同的《趣味力学现象》。

读者一定会以为别莱利曼发了大财而且过上了优越的生活。可是事实是,他于 1942 年饿死了。猜,什么原因? 答案是,德军围困了彼得格勒市很久,使市内的大批居民饿死了。

在看纪录片的同时，我还在Google(谷歌)上查到了目前世界上还未解决的几大力学难题。

谁知那些所谓的难题竟被我轻易破解了。现写在下面，供世人评论。

连破几个世界级力学难题

纳斯卡图形之谜

1934年，有人从小飞机上俯视南美秘鲁的纳斯卡荒原时，发现平原上稀疏地分布着十分巨大的动物图形(如猴子、蜂鸟、蜘蛛等)，其尺寸之大，让(站在地面而不够高的)人根本看不全那些图形。考古学家遂对新发现的纳斯卡图形提出了两大疑问：1. 古人为什么要画那些大图？2. 古人用什么方法画出了那些在地面上根本看不全的大图？

那些图被发现后不久，后半辈子住在纳斯卡的德国女数学家玛利亚研究了纳斯卡线条很多年并且成为这项研究的权威，但她直至去世，也没能达到目标。当地人为她建立了纪念馆，内有穿红衣服的她伏案工作的蜡像。当地人还用她的名字命名了一家小学和一条街道。

考古学家对古人为什么要画大图形的一种猜测是，画大图是某种(目前还不清楚的)宗教目的；另一种猜测是那些不同的动物是不同族群的族徽。而那很长的直线条，则可能是外星飞船起降用的跑道。

对古人怎样画的那些大图，一种说法是古人在那些图旁建一高塔，工头在塔顶指挥；另一种说法是古人用了热气球，工头在气球吊篮里指挥。显然，这两种方法都是相当费事的，但人们也想不出更好的画图方法了！

我依靠曾经看到过的，画工在广告牌预先打好的格子内填曲线的绘图方法，一下子就想到：古纳斯卡人只要先在木板上画好动物的小图，再画上小的方格子，接着在地面上(如大到百米以上)画上大方格，然后他只需在每个大方格内画出与小图相应小方格内相似的简单线条，就能轻易地画出相似的大图来。凡是听过我提出的画大图方法的人，全都认可我的这个简易方法。至于古纳斯卡人要在地上画线条，其实并不费事，他们只需铲除浅浅一层深色的地表土石，就会露出下面浅色的土石，从而形成明显的线条。

中国的小学生都是通过九宫格来练习汉字的，他们一定也能想到用九宫格来画大图的方法。可是玛利亚小时却从未见过九宫格，所以她想不到用这种方法来画大图。

关于古纳斯卡人为什么要画那些动物大图，我广查资料后发现了两条重要线索：一是古纳斯卡地区本来就少雨，尤其在之后的几百年，当地变得越来赶干旱了；二是考古学家近年在纳斯卡挖出了大量埋在一起的人头骨。

结合以上两个事实，我大胆推测：逐年加剧的干旱使古纳斯卡人的食物(各类动物)数量越来越少，以至于纳斯卡人开始祈求天神赐雨水。但水是颇难用图形来表示的，于是古纳斯卡人就选用在地上画动物图来表示需要水，因为各种动物都要水才能活命。另外，画动物图也表达了当地人需要动物(那时的纳斯卡人很可能是以放牧为生的)。正因为这些图形是给高高在上的天神看的，所以它们必须画得很大才行。

可是那些大图并未打动天神，反而让当地的气候变得越来越干，以至于当地人为了感动天神，竟做出了极端的做法——用活人的头颅来祭神，而且规模越来越大，这正是考古学家会挖出成批埋在一起的人头骨的合理原因。

当然，作者以上那些解释尚待世界有关学者来评论，但似乎已是迄今为止最合理的解释了。

昆虫为什么长六条腿？

之后，我在谷歌上了解到，世界各国的生物学家对“昆虫为什么长六条腿”的原因至今还是众说纷纭。谷歌说，一句话，这个问题没有答案。因为昆虫总要长腿，只是碰巧长了六条而已。而且谷歌还说，英语版《圣经·利未纪》11.21、22中写道:“……然而,有些有翅膀又用四条腿行走的生物,例如蝗虫、蟋蟀和蚂蚱,你们(人)可以吃。”显然,写《圣经》这段的人并没有仔细数过昆虫到底有几条腿。

由于昆虫对人类生活的影响很大,如昆虫会吃掉农作物,从而造成庄稼严重歉收,而且现在世上已有把昆虫列为人类未来食物的趋势(全球的昆虫总量惊人,每人竟可分到4000公斤),所以研究昆虫和饲养昆虫就很有必要。而要全面研究昆虫,那么昆虫为什么长六条腿也应该是一个课题。

虽然昆虫长六条腿这个问题看起来是一个无从下手的难题,但我仗着解决过一些难题的经验,开始考虑起这个昆虫长六条腿的问题来。

根据我以前就知道的规律——一个小如蚂蚁的物体和一个大如狮子的物体从岩石上掉落后,它们最初的加速度和距离却是一样的,但之后,小物体的下落速度会很快慢下来,这是因为,空气阻力对小物体的相对作用要远比大物体大。如把以上规律用到动物身上,即对一个体高仅为六毫米的昆虫进行分析,如果它只有四条腿(而不是六条腿),那么它在迈步前进时,力学分析告诉我,那四条腿的昆虫在提起任何一条腿后,由于失去稳定,那昆虫的躯体就会因重力而在一侧下落。正因为昆虫的体形很小,所以其身体只需下落两毫米,它的身体就会拖地而妨碍它的前进。那四条腿的昆虫如不想自己的躯体拖地,就必须用每秒30—44步的高频狂奔。显然,这是昆虫的体能所达不到的,而昆虫如果长有六条腿,则它前进时即使每步要提三条腿,那么用力学可以证明:六条腿昆虫在行进时,不会产生躯体下落。这就是昆虫为什么长六条腿的原因之一。

昆虫为什么长六条腿的另一个重要原因也可用力学来证明,只有长六条腿的昆虫,才能顺利爬上植物的枝干去觅食,而四条腿的昆虫却几乎不能爬高,那它只得饿死了。至于我是怎样用力学知识严格证明以上两个结论的,读者可在拙著《趣味力学现象》中看到详尽的叙述。

1800 年前的张衡地动仪的奥秘破解

关于宣传张衡地动仪为中国古代科技成就增光的建议。

1. 背景情况介绍。

东汉张衡创制的地动仪在我国曾是尽人皆知的，一代又一代的中国学生从教科书上知道，东汉时期的科学家张衡发明了地动仪。张衡发明的地动仪被当做中国伟大科技发明的典范，国人长期引以为荣并视之为国宝。它不但被印在邮票上，还被国家地震局奉为局徽。张衡地动仪100 多年来也一直被西方学界作为“中国验震器”加以研究和推崇，它的复原模型和美国探月的岩样曾作为人类文明进步的标志，并列摆放在瑞士日内瓦的世界知识产权组织总部，供人们瞻仰。

令人惋惜的是，影响如此重大的地动仪却于 1700 多年前神秘消失，从此，它的模样和工作原理成为千古谜团。关于地动仪的历史资料，最著名的是《后汉书·张衡传》中的记载，“阳嘉元年，复造候风地动仪。以精铜铸成，员径八尺，合盖隆起，形似酒樽，饰以篆文山龟鸟兽之形。中有都柱，傍行八道，施关发机。外有八龙，首衔铜丸，下有蟾蜍，张口承之。其牙机巧制，皆隐在樽中，覆盖周密无际。如有地动，樽则振龙，机发吐丸，而蟾蜍衔之，振声激扬，伺者因此觉知。虽一龙发机，而七首不动，寻其方面，乃知震之所在。验之以事，合契若神。自书典所记，未之有也。尝一龙机发而地不觉动，京师学者咸怪其无征。后数日驿至，果地震陇西，于是皆服其妙。自此以后，乃令史官记地动所从方起”，只有 196 个字。其中，关于内部结构的描述中，“中有都柱”中的“都柱”从历史文献的角度理解应是一根立着的柱子。近年来，张衡地动仪受到了各国地震学者的重视。自 1969 年起，国外学术刊物上也陆续出现了对张衡地动仪用立柱来验震一事的质疑。其理由是，近 130 年来，各国学者都不能用立柱来成功验震。他们发现，人们根本无法使灵敏的立柱站住。而能站住的且不太灵敏的立柱在受到轻震后，又会各向乱倒，即立柱并不倒向来震方向。于是各国学者一致认为，要用立柱来灵敏验震是不可能的，并由此推测中国人在张衡地动仪上造了假。奥地利学者雷立柏在归纳了那些意见后，在他的书中写道：许多汉语书中都赞扬了张衡地动仪。它之所以能成为华夏科学创造力的模范和象征，主要是因为它被视为“国宝”和“国粹”。但张衡地动仪没有一个精确的理论伴随着它，因此地动仪更多地象征着中国人的向往，而并不是代表一个完美的现象。它是华夏科学停滞特点的典型表现。

之后，国内网站上也出现了大堆对张衡地动仪的质疑声。中国知名打假人士方舟子说，张衡的立柱验震，连1800年后有近代力学知识和近代技术支撑的科学家都做不出来，张衡地动仪还是真的吗？

为了证明张衡地动仪的历史真实性，部分专家学者进行了一些研究，推测史料记载具有真实性。但要说服世人，关键还是要在科学原理上和实验上进行证实。

国家地震局于2004年成立了有九个单位专家参加的“张衡地动仪科学复原课题组”，以为张衡地动仪的立柱验震原理正名。之后，该组做了立柱验震的多次实验，但他们也遭到了与国外学者一样失败的结果，于是他们只好同意国外学者提出的张衡地动仪只有采用“悬摆（柱）”才能验震成功的说法。该组还研制了他们的摆式张衡地动仪，地震局曾对摆式张衡地动仪进行了鉴定，这项成果还获得了国内媒体的大量（近千次）报道，摆式张衡地动仪并在一些博物院和科技馆展出。然而该组在谈到自己的成果时，曾明智地留有余地。其组长表示，我们用悬摆验震，显然与史书记载不符，但即使在张衡之后的1800年，那些具有现代力学知识和有当代技术支撑的所有中外学者，都实现不了用立柱来验震，这就不得不怀疑立柱验震的正确性。我们组复原的这个地动仪，也只是代表了我们当前的水平。我们期待今后有人能用立柱来成功验震。

由于张衡地动仪的原理不断遭到地震学界的质疑与否定，2010年秋季教改出台以后，按照教学大纲的要求，“张衡地动仪”已不再是历史课本中的内容。甚至从2016年起，中学课本中张衡其人的介绍也被全部删除。联合国世界产权组织也早已撤下中国政府于80年代赠送的景泰蓝张衡地动仪模型。

2. 证明地动仪历史真实性的科学关键证据已经取得(以下引自2017年全国人大代表的一份提案)。

2013年,离休20年的中国科学院原南京天文仪器研制中心的资深研究员胡宁生成功实现了用立柱验震。胡宁生,曾任中国科学院原南京天文仪器厂厂长,是中国著名的天文仪器专家和精密机械专家,他与张衡在某些经历上相同,他依据自己在精密机械专业上的经验,且通过严谨的力学分析和实验,证明了张衡用立柱来验震是完全可行的,并于2014年出版了《张衡地动仪的奥秘》一书,内有详细的力学证明。

2013年11月,中科院自然科学史研究所和中科院南京天文光学技术研究所联合在南京召开了张衡地动仪复原的学术研讨会。与会专家一致认为,胡宁生研究员提出的立柱验震的原理是正确的,而且他的演示实验也是成功的。2016年11月,中国科学技术史学会召集国内包括南京大学、上海交通大学、中国科学技术大学、中国科学院大学、中国科学院南京天文光学技术研究所、中国科学院测量与地球物理研究所、国家博物馆、北京天文馆古观象台、中国地震局地球物理研究所等单位相关领域专家,在南京召开了对胡宁生研究员的"候风地动仪"的复原研究与实验成果学术鉴定会。专家组一致认可"候风地动仪"中的"都柱"应为立柱型而非悬挂摆型,说明《后汉书·张衡传》中关于地动仪的记载是可靠的。该结果由中国科学技术史学会出具了正式鉴定意见书。有关张衡地动仪的资料请看附录8.6。

3. 宣传张衡地动仪的重要意义。

① 增强中国人民的文化自信。张衡地动仪不仅引发了科学问题,还鼓舞教育了几代中国人,可现在却遭到了国外学者的无情质疑。这对每一位中国人来说,都是难以接受的,虽然科学是没有国界的,但是做出科学成就的人是有国界的,为这个科学成果自豪的民族是有国界的。在

5000 多年文明发展中孕育的中华优秀传统文化，包含着几千年来中国人民生生不息、绵绵不已的民族精神和发展动力，积淀着中华民族最深层的精神追求，是我们引以为豪的软实力，也是我们文化自信的底气所在。科学研究结果证明，1800 年来，世界上只有张衡一人能成功地用立柱来验震，这充分体现了他那洞察事物的深邃眼光、分析推理的高超能力以及解决技术难点的过人技巧，其聪明才智和研究水平达到让 1800 多年后的国外地震学家都望尘莫及的程度，这足以让我们每个中国人感到尊敬和自豪。张衡地动仪是我国古代辉煌灿烂科技文化中的瑰宝，是中华文明留给人类的宝贵文化遗产，那些否定张衡地动仪进而否定张衡的言论不仅损害了张衡个人的声誉，还使一些人对中国古代科技的辉煌成就也产生了怀疑，波及了民族荣誉，对中国人民树立文化自信产生了消极影响。我们应在科学求真的基础上，将张衡及他发明的地动仪作为我们宣扬中华文化的最好素材，充分肯定自身文化的价值，对自身文化发展树立坚定的信心。

② 对弘扬科学精神具有积极作用。张衡是我国东汉时期伟大的天文学家、数学家、发明家、地理学家、制图学家、文学家、学者，为我国天文学、机械技术、地震学的发展做出了不可磨灭的贡献。除了制造了地动仪外，张衡还是东汉中期浑天说的代表人物之一。他指出月球本身并不发光，月光其实是日光的反射；他还正确地解释了月食的成因，并且认识到宇宙的无限性和行星运动的快慢与距离地球远近的关系；他观测记录了 2500 颗恒星，创制了世界上第一架能比较准确地表演天象的漏水转浑天仪；他还制造了指南车、自动记里鼓车、飞行数里的木鸟等；他共著有科学、哲学和文学著作 32 篇。为了纪念张衡的功绩，人们将月球背面的一个环形山命名为“张衡环形山”，将小行星 1802 命名为“张衡星”。20 世纪中国著名的文学家、历史学家郭沫若对张衡的评价是：“如此全面发展之人物，在世界史中亦所罕见，万祀千龄，令人景仰。”张衡已经远去，但是他执着探索自然规律、勇于创新的精神永不泯灭。通过还原历史，人们可

以尽可能地靠近中国文化发展的源头，和先哲进行超越时空的思维对话，由此得到无穷的思想启迪，并感到由衷的亲切和光荣，从而激发自己像张衡那样，为人类的进步做出自己的贡献。

4. 关于宣传张衡地动仪的具体建议。

综合以上，我们建议：

① 加大对张衡地动仪的宣传力度。鉴于张衡地动仪具有重大的科学意义和历史意义，且之前它遭到质疑时，曾引起全国甚至西方学术界的广泛关注和讨论，国家宣传部门应采取有力措施，努力消除由此带来的负面影响。

② 请教育部修改中学教科书。在教科书中指出张衡地动仪的科学性，将之前不当删除的内容更改为正确的内容，重新给张衡这位伟人应有的科学和历史地位。

③ 请中国科协停止展出已证明为错误的摆式张衡地动仪的模型，并统一出资制造展出用的立柱式张衡地动仪，分发给各地科技馆展出，还原历史真相。

④ 针对联合国世界产权组织撤下中国政府赠送的景泰蓝张衡地动仪一事，建议我国政府重新赠送一台能演示的立柱式张衡地动仪，以作为人类古代技术水平的代表，扩大海外影响。

附：(1) 张衡地动仪的立柱型原理研究与实验成果鉴定会专家意见

(2) 胡宁生研究员提供的力学证明

正确解释自行车稳定性原理

世上至少有10多亿人都会骑自行车，但几乎无一人能明白“自行车不会倒”的确切原因，这一可笑的现象竟能持续100多年而依然存在，这无疑是对那自诩为最聪明的动物——人类的莫大讽刺。不信，且看下文。

100多年前，法国科学院就曾悬赏征求对“自行车为什么不会倒”的最佳解释，后来那个奖被一名法国数学家得到了。但他的解释似未得到公认，以至于在20世纪上半期，各种期刊上出现了对这个问题的几种不同解释。但此后，又出现了驳斥那些解释的论文。直到21世纪，有关“自行车不倒”的论文仍在出现，如在英国的《皇家学会会刊》(2011)上。而在2011年美国的权威期刊《科学》上，也刊出了一篇论文，上面说，迄今为止所有对“自行车不会倒”的解说竟全都是错的，根据是他们的实验用小自行车不用那种原理也不会倒。至于原因，论文的五位作者说他们也不知道！

在各国的科普书中，曾对“自行车不会倒”的原因有过几种说法。一是，自行车那旋转着的车轮有陀螺效应，陀螺的定轴性和进动性都能使自行车不倒。本人认为，以上说法虽然在定性上讲得通，但是在定量计算后得知，它们的作用是微不足道的。正像中国科技史学会孙小淳理事长指出的那样，如近年风行的滑板车，其轮子特小且转得又不快，因此小轮子的陀螺效应应小到可忽略不计，用它怎么能解释滑板车上的人怎么会不倒呢？

二是，骑车人上身的左右移动能起到平衡作用，而使自行车不倒。本人用力学计算了人移动上身后确能对自行车的稳定起到很大作用，但问题是，人在骑车时都是悠然自得的，即人并未频繁地移动自己的上身来平衡自行车。

有人提出，骑车人可以借助手把(龙头)的左右转动来保持自行车不倒。这倒真讲对了，我用力学计算了自行车因前轮转向而改变了车行方向后所产生的离心力，发觉这个离心力之大，是足以将倾斜的自行车扳正的。但是经验告诉我们：骑车人并不需时时注意他要转动手把。

特别是有人发现了自行车本身拥有“自驾不倒”的神奇能力后，人们对自行车为什么不会倒的原因认识才前进了一大步。

网上有一个国外拍的视频：在一个操场上，一人猛推一辆无人骑的空自行车一把，只见那自行车竟能平稳前进，半途有另一人侧向推那自行车一把，奇怪的是，那辆被推歪的自行车竟能立即自动恢复到直立状态，从而继续前进。

从那视频中推车人的惊愕表情可知，他被自行车这个自稳能力怔住了，但是他的这个发现对人们认识“自行车为什么不会倒”确实前进了一大步。原来自行车本身就有自稳性，所以骑车人根本不必刻意去关心它是否倾斜了。

至此，自行车的稳定性只剩下最后一个难题了，即自行车自稳性产生的原因，因此我猜测自行车就像人一样，它能检测出自己的倾斜状态，进而自动转动手把，利用离心力来把自己扶正。这个猜想不久就被下列人尽皆知的现象所证实，即我们看到那些停在路边的左倾自行车，它的前轮都是转向左边的。这意味着，自行车如向一侧发生了倾斜，它的前轮就会自动随之发生同向转向。以上动作和骑车人的反应一模一样，正是自行车这个“机器人”代替了人。

自行车的这个神奇能力能完全代替人对自行车的操纵，怪不得人能不管行进中的自行车的倾斜情况，也不必操纵手把，因为有自行车在自动保持稳定呢！

至于自行车倾斜后，是什么力让前轮转向了，确实是个隐藏得极深的难题。我用了好几年，才终于找到了这个力，并用图和科普文字把它说清楚了（见《趣味力学现象》之 3.6）。

事后，我从琼斯登在《今日物理》上的论文中看到，自行车有自稳特性，但他为了证明这个自稳性，用了微分方程组和位能理论。刊登在2011 年《科学》上的有关论文说，经他们实验后得知，琼斯的理论是不必要的（我可证明那论文中写的实验做法有错误）。

我的研究证明了琼斯的结论是正确的。他应是世界上第一个破解自行车稳定性之谜的人，而我则对这个谜做出了令人信服的证明，并写出了简单易懂的解释。

第八章 附 录

8.1 空中捕机网的力学特性

人们想用力学来精确计算出那空中捕机网在加速过程中的随时受力情况是相当困难的，因为这需要求出网绳被炮弹挂上后各时段的加速度。我们虽然已知炮弹出膛时的初速度 v，但想用常用公式 $Ft=MV$ 去计算绳子的平均拉力 F 还是相当困难的。虽然前式中的运动体（大网加炮弹）的质量 M 为已知，可大网的加速时间 t 却是很难知道的。如果我们一看到 t 难以得知，因而力 F 将无法计算，就判定无法推知“空中捕机网”是否可行，这就错了。

力学好的读者可能已看出，前述公式的运用是需要仔细分析的。假设炮弹的重量为 20 千克，而被一个炮弹拉 400 千克重的大网的四分之一为 100 千克，那么质量 M 就是 120 千克/g＝12 千克，此处 g 为重力加速度。

根据能量守恒定律我们可知，炮弹和大网一起以速度 V 运动的动能应等于炮弹出膛时的动能，如用公式表示就是：

$(1/2)mv^2=(1/2)MV^2$ 中，M 为炮弹加大网一起的质量，而 m 为炮弹的质量。由于 $M=6m$，(120 千克＝6×20 千克)，所以前式变为(1/2)

$mv^2=(1/2)6mV^2$，即 $v^2=6V^2$，如设炮弹初速 $v=600$ 米/秒，则 $V=245$ 米/秒。

再回到 $Ft=MV$，现在 M 和 V 已知了。只有 t 还不知，但我们可估算 t 最大时应为大网从静止到运动距离达到半个网宽 S 需要的时间，这个 t 约等于 S/U，而 U 大致为 v 和 V 的平均值，即 $U=422$ 米/秒。以这个 U 值代入 $t=S/U$，就可得 $t=50/422=0.12$ 秒。以此 t 值代入 $F=MV/t$ 后，可得 $F=24500$ 千克，即一根（网角）绳子受到的平均拉力为 24.5 吨，而最大拉力约为 49 吨。但蒋百里书中写的麻绳即使粗达 20 毫米，也只需几吨力就可拉断网绳，所以我们可以认定，那个"空中捕机网"是不可能飞起来的。

"空中捕机网"还有出乎意料的效应

经过以上初步计算和分析，我们已知道：四炮齐发后，大网并不会飞起来，因为大网四角的绳子被拉断了。但如果我们进一步考虑下去，即用什么方法可以实现蒋百里的"空中捕机网"这一大胆设想。作者在《趣味力学现象》一书中曾指出：如果将四门高射炮改为四门火箭炮，那么，火箭弹在发射时的加速度是不太大的，这样，大网四角的绳子才不会被拉断，那大网不是就能飞上天了吗？但作者预言，如果人们真用四门火箭炮炮弹去试拉那个大网，那大网确实能飞离地面，但立即就会收口而缩成一堆绳索。大网的四角会立即收缩，是因为四枚火箭弹被大网的侧向拉力拉得互相靠拢了。

至此，不少分析者会觉得蒋百里的"空中捕机网"是无望实现了。但作者认为，聪明的研究者还是能克服困难而想出解决办法来的。答案是，四门火箭炮的指向略呈发散状即可。

8.2 近似计算法的威力

用以上近似计算法来分析"空中捕机网"的可行性，已能较好地显示出这种方法的威力。当我们使用近似计算法时，可以把一些难以摸清的复杂变数简化为一个不变的平均常数来代替。这就不但能使计算简化，而且能使本来无法计算的问题变成能计算了，从而使解决这个科学问题由不可能变得可能了。

另外一个重要因素是，要适当选定这项近似计算所能允许的相对误差该取多大。一般而言，只要相对误差不是太大，还不致影响到结论会发生明显变化，这样的相对误差就是可取的。一般而言，在机械工程的计算中，允许的相对误差的范围在1%—30%之间，而在理论天体物理的研究中，允许的相对误差就大得多，有时往往会达到100%—1000%，但这个大误差总比差100倍或1000倍要好。此外，测地震的释放能量时，也会产生相差几倍的误差。

进行科学探索的另一个要点是，对一科学现象的发生机制不能光定性上讲通就认定是这个原因了。例如，科普书上常讲，行进的自行车不倒的原因是有旋转着的车轮的定轴性。单从定性上讲，定轴性确有稳定作用，但进而一想，很重的人和车怎能用很小的车轮陀螺定轴性来稳住？为证明这一点，作者曾将一辆自行车用手扶正后，放在特制的快速跑步机上，从而使车轮快速转动，结果只要人一丢手，那辆自行车就会立即倒下，可见车轮的陀螺定轴性是不起什么作用的。因此自行车能稳定不倒，必定另有原因。虽然这个原因隐藏得极深，以至于100多年来都在困扰全世界的学者，但这个原因还是被作者于2015年找到了，并写在《趣味力学现象》中。读者单凭这一成果，是否可认同作者已达到科学家的水平了呢？

8.3 巧妙的航空技术案例

轰炸机一般不会遭到迎面飞来的敌机的攻击，这是因为双方飞机接近得太快，以至于双方飞行员根本来不及瞄准对方，所以轰炸机只需防御从后方追来的敌机。所以，杜—2 的后上方和后下方会各安排一名机枪手。当后方有敌机来袭时，杜—2 的飞行员往往会进行机动飞行以不让敌机瞄准自己，因此射手看到的敌机，其飞行方向往往并不是正好对准自己的。射击要领规定射手必须在 1 秒钟内认定敌机姿态的投影比，而这个投影比一般被简化成了 0、1、2、3、4。规定敌机正对我方时的投影比为 0，而敌机航向与我方垂直时的投影比为 4。射手同时要根据敌机的型号给出的速度参数，如 P—51 野马式战机的数字是 70，将此数字乘以投影比，从而得到对该机进行射击时，机枪瞄准线应取的提前量。

以要射击一架投影比为 2 的 P—51 敌机为例，射击员可在 2 秒钟内快速地算出对其射击的提前量是 140，这样射手就可马上将机枪的瞄准线放在敌机前面的 140 单位处。至于 140 是多少，射手可从瞄准中心外的几圈同心环来估出。

显然，射手采用如此近似算得的提前量能击中敌机的概率是高不了的，往往他打出几十发子弹，可能连一发都没打中。幸而军械设计师想出利用曳光弹的办法，来使射手即使在阳光下也能看到极亮的弹头，从而立即修正射击中的机枪指向。

采用曳光弹，能有效提高对敌机的命中率，但在空中射击训练时，每打 40 发子弹，只要能命中 1 发就算及格，2 发是良，而 3 发就是优了。我在杜—2 上打过一次靶，成绩却是出乎意料的，其中 1 发子弹竟打断了拖靶前的拖绳，故靶落到了下面的松花江里，以致成绩也丢了。

上述用提前量瞄准加曳光弹修正的射击方法，似乎已能有效对付敌机了，但军械设计师并不满足，他们想出了一种更精确又几乎不费任何脑力的自动化瞄准器来，这真是常人想不到的。

新方法完全摒弃已用了几十年的机械式瞄准器，从而创造出一种全新的采用陀螺进动效应的电动光学瞄准器。

那方法是，我方飞行员从前方的一块半透明斜玻璃板上，能看到前方的敌机和一个光环，飞行员（或射手）只要将机头或机枪跟上敌机并用光环套住它1秒钟以上，那么机枪的方向已经自动对准了应取的提前量，从而射手就可以开火射击了。开火以后，射手可用曳光弹来修正射击方向。

当我初见苏联飞机上装了这种革命性的先进瞄准器时，不禁从心底里佩服俄国这头北极熊的聪明，但之后，我偶然见到了美国制造的一具同样的瞄准器，就不知苏美之间，谁在抄谁了？

上面讲过，飞机上的射手想打中敌机是很不容易的，那么，轰炸机用炸弹投中目标是否容易一点呢？仔细分析后就可得知，轰炸机要想炸中目标，困难会更大。

空中轰炸的特点：轰炸机一般会飞中空去投弹，因为如飞得太高，炸弹弹着点的误差就会太大，而如飞得太低，就会看不到远方的目标。但在中空，例如2000米高，以高速（如每秒前进140米）飞行的飞机，它投下的炸弹也会因惯性每秒向前飞120米，这样，炸弹在脱离飞机后落到地面的长达约20秒的时间内，已向前跑了约2000米。所以，飞机必须在目标前约2000米的某个精确位置准时投弹。显然这个投弹提前量还与飞机的速度（以及风向、风速）、飞机的海拔高度、目标的海拔高度和炸弹的型号（关系到其阻力大小）有关。另外，如不考虑强风的吹动，炸弹只会落在飞机的正前方，这就意味着，飞机的航向必须正对着目标。又因为飞行员前面没有精确的航向标志，所以投弹手必须从瞄准器内看清那目标的左右偏差量，以随时指挥飞行员操纵机头方向以对准目标。显然，投弹手不大可能在半分钟内计算出应该采用的投弹前置角（量）是多少。幸亏有专门的轰炸瞄准器，当时没有电脑，工程师便在那瞄准器内装了电动式模拟计算机，投弹手只要对瞄准器置入各个参数，且只需一二十秒，就能将其瞄准线自动转到应有的提前角处。

之后，投弹手就只等目标在瞄准器中出现，并指挥飞行员或左或右地对准目标。当目标移动到十字中心时，投弹手必须及时按下投弹电钮，如晚按半秒，炸弹就会超过目标好几十米而炸不到目标。

由上可见，要想炸中目标，飞行员和投弹手必须配合默契，而这只能通过反复练习才能做到。除在地面模拟训练外，在轰炸机上用教学弹实地轰炸地标也是必需的。第一航校的杜—2在进行轰炸训练时，那次的飞行员是教官。第一次飞过目标时，投弹学员未能瞄准目标，因而未能投弹，飞机只好转一圈再来，但第二次又未能投弹，而飞机早已飞出了靶场，这时那名学员已不好意思要教官再飞一圈，于是竟一咬牙按下了投弹电钮。其后果是，那枚爆炸力虽不大的教学弹还是炸毁了一座农舍，近旁的鸡和狗也都被炸死了。幸亏农民下田去了，才幸免于难。航校也只好主动赔了人家的损失。

如想用上述的自动轰炸瞄准器去炸毁一座大桥，还是很困难的，因为炸弹只要偏离桥一二十米，那桥就会安然无恙。至此，读者不妨试想一种能炸毁大桥的方法来。如果你想不出，可以看看以下这种典型的炸法。

这种方法示于图A。

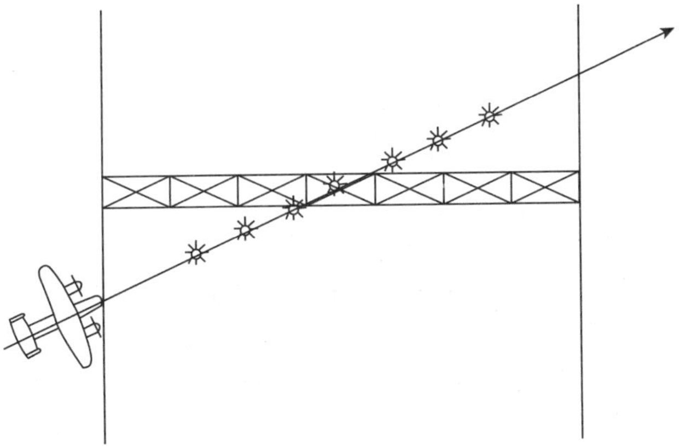

图A　斜向进入并投一串炸弹炸桥

首先，轰炸机的航向应故意与桥交叉成一个小角度。这样，航向即使有些偏差或有平移误差，轰炸机航迹的投影仍会落在大桥的范围内。其次，轰炸机应投下一连串炸弹。上图中表示共有七个炸弹，它们每两个投放的间隔时间可取0.2秒，这样，七个炸弹中就会有一个正中大桥。当然，那名要每隔0.2秒就按一下投弹电钮的投弹员，即使他当过乒乓球健将，也按不了那么快，所以间歇连续投弹的动作是由电动投弹器完成的。

读者可能不会想到，要用炸弹去炸敌人，还得解决一些必要的安全问题，因炸弹实在是个危险的家伙。如果轰炸机在低空飞行时，一只飞鸟撞上了炸弹的起爆引信，那炸弹一炸，就一切全完了。此外，有时轰炸机因故未投掉炸弹而飞了回来，但当时规定飞机不得带弹着陆，所以它必须先扔掉炸弹，显然这时我们又需要那扔在己方的炸弹不爆炸了。读者可想想，应该采取什么特殊措施，才能使炸弹在该炸时炸，不该炸时又不要炸呢？

苏联人采用的方法示于图 B1。

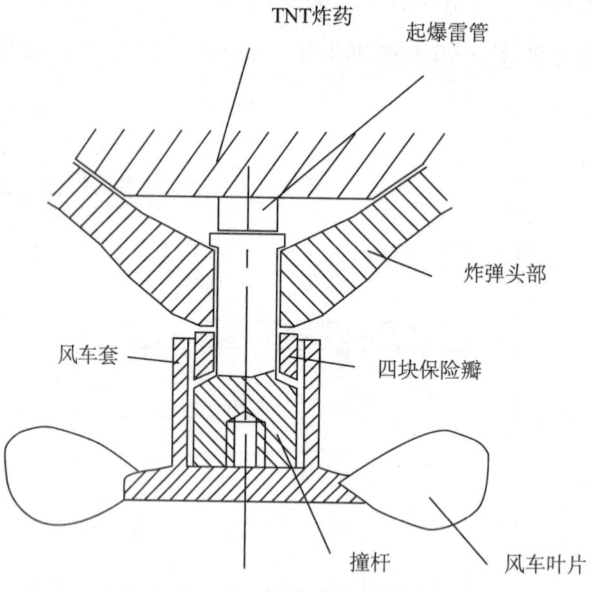

图 B1　旋上风车套后，保险瓣能顶住撞杆，成保险状态

在该图中，当人们把风车套旋进撞杆前的螺纹孔内后，风车套就围在了保险块的外面，以使几瓣保险块顶在撞杆后面，这时即使用铁锤去击打撞杆，它也不会后退而撞击到炸弹的起爆雷管，因而在雷管周围的大量 TNT 炸药是不会爆炸的。

但当炸弹脱离炸弹挂钩下落时，一个保险叉就会被拔离风车，那风车就会在炸弹前进的强大风力下反转，使其螺杆能脱离撞杆，从而使四个保险瓣块四散脱落，这样撞杆就变成了图 B2 的备炸状态。之后炸弹一触地，撞杆就会猛压起爆雷管而引爆炸弹内的所有 TNT 炸药。

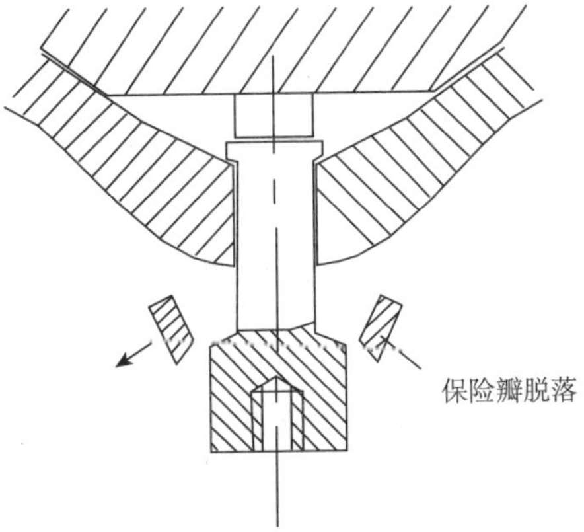

图 B2　备炸状态

至此，读者应可想出使投在己方的炸弹不炸的方法了。答案是，要炸弹不炸，只要把保险叉跟着炸弹一起扔掉就行了，因为这样风车就不会转动了。

我们设想，如有一枚炸弹落到了大楼的顶上，而我们又想炸掉整座大楼，应采取什么方法？答案是，让炸弹延时爆炸，使炸弹钻至大楼的底层。

我们如想使敌方的一条公路瘫痪，最好方法是，在公路上投几个定时炸弹。这样，那些炸弹就会不定期地轮流爆炸，于是在短期内，谁都不敢再走那段公路了，而且那些炸弹的定时引信还是拆不掉的。但是读者能否替敌人想想，他们该怎么摆脱这一困境。答案是，用集束手榴弹引爆那些定时炸弹。

不言而喻，军方一定会对炸弹内的炸药提出苛刻的安全要求，即那安全炸药只能由雷管去引爆，而用其他方法，应该都不能引爆。结果化学家研制的 TNT 炸药真的达到了这个苛刻要求，它不但能抗火烧、抗斧砍，甚至对它开枪，也不能引爆它！

二战末期，美军为了吓唬日军，说自己造出了B—29空中堡垒重型轰炸机，其航程之远竟可从中国后方的四川飞到日本，且轰炸后还能飞回来，这点倒不假。但下面一句说，B—29上有一种新型轰炸瞄准器，可在5000米的高空将炸弹精准投入一个指定的垃圾桶，这就显然是在吹牛了。实践证明，要把传统的炸弹投得那么准是不可能的。

实际上，要用20世纪末期激光制导的已是导弹的炸弹，才能无误差地击中激光点照到的目标。

下面来讲讲飞机上的油箱是怎样防止起火的。

众所周知，以前战机上的油箱（主要在机翼内）内装的是极易着火的航空汽油，那么在双方交战时，我方战机的油箱如被对方的子弹击中，势必会引起大火甚至爆炸，这真是太可怕了。读者不妨先想想，看能否想出一种妙法来防止油箱起火。

当时采用了以下措施：一是在铝合金的油箱外贴一层特种厚海绵状橡胶板，这样，当子弹穿过橡胶板而打穿油箱壁后，那橡胶板上的弹孔会立即收缩而封口，而且那橡胶板一碰到汽油，会立即溶成果冻状以更好地堵漏。二是平时就给油箱内充上不会助燃的氮气来代替普通的空气，这样箱内的汽油即使接触到火烫的子弹，也烧不起来了。

由上可见，那时的工程师真的成功地解决了这个难题。杜—2上的油箱就采用了上述的防火措施。

二战时，日本零式战机的油箱没有防火措施，可美方的战机上却有，于是双方战机一交战，失火的往往就是日机了。

飞机机翼的除冰措施

轰炸机在飞入中高空的潮湿云层后，即使在夏天，高空的严寒也会使水汽在机翼的前缘结起冰来，有时冰会越结越厚，而且范围也在逐渐扩大，以至于飞机会增重。显然这是必须避免的。现在请读者想想，应该怎样对付机翼结冰的问题。

那时的工程师采用了图C所示的方法：

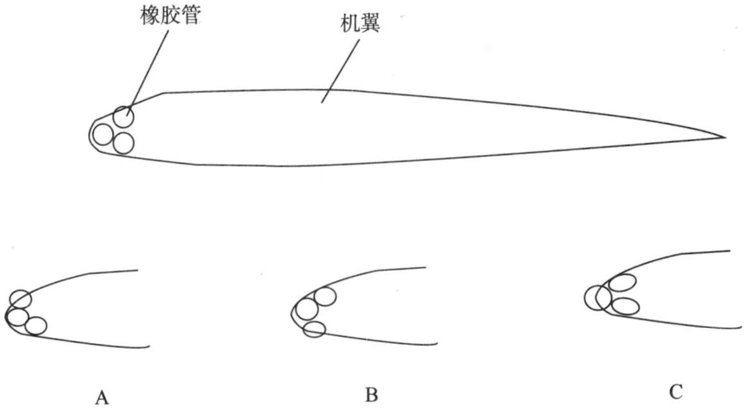

图C　机翼前缘除冰原理示意图

工程师用橡胶制成机翼的前缘，内分成三根异形空腔(管子状)。当机翼前缘刚结上薄冰时，要轮流给空腔管内充入高压空气，使其膨胀突出，从而把冰层胀裂，这样胀裂的冰层就会立即被高速气流带走。

以上措施既巧妙，又很好地解决了问题。你想得出吗?

追求极致的航空发动机

对一台航空发动机的主要要求是：1. 输出功率要尽可能大；2. 本身重量要尽可能轻；3. 极高的可靠性，如在恶劣气候条件下不出故障。要同时满足以上条件，当然也是要付出一些代价的，例如工艺要求高、加工复杂、成本特高和寿命偏低等。

例如杜—2 飞机采用的两台阿沙—82 发动机，每台重量不到 1000 千克，可是输出的功率却大达 1850 马力，也就是说，它用两匹马的重量，却能输出近 2000 匹马的功率。

人们知道，一辆汽车的发动机如发生故障，并不会带来什么危险。但是一架飞机的发动机如停转了，那么那架飞机往往不是迫降就是坠毁。这样，在设计发动机的各零件时，就要特别注意零件不能超荷载，而这往往与零件要轻相矛盾。

我学航空发动机时，有一件事给我留下了深刻的印象，那就是发动机带动一组飞速旋转的螺旋桨叶片，那些叶片的倾角必须精确一致，否则叶片会带动整架飞机发生震动。必须指出的是，我们要使4个有死倾角的叶片一致，其实并不难。难的是，那个倾角是活动可调的。一旦飞行中的发动机停转了，那4片螺旋桨还得被转到顺桨角度，以减少飞机飞行中由螺旋桨姿态不对所带来的阻力。

众所周知，步兵用的机枪的目标是人，因而用小口径的子弹就够了。可飞机机枪的目标是金属打造的飞机，因此对这种机枪的第一要求是，必须用大子弹，其口径一般为0.5英寸(12.7毫米)，重50克，子弹出枪口时的初速为每秒800米。习惯上，各国都把口径大到20毫米及以上的机枪尊称为机炮了。

对飞机机枪的第二个要求是，它必须有尽可能高的射速。这是因为，敌机飞得太快，你能打它的时间短得可怜，往往连几秒钟都不到，而每打几十发子弹，能命中敌机的也不过一二发而已。所以军方要求，飞机上的大口径机枪每秒要打出20发子弹。但要使那么大的枪弹高速换弹射击，就算尽最大的努力，也只能达到每秒16发。

对飞机机枪的第三个要求是，其重量要尽量轻。

第四个要求是，那机枪的拆装必须简易，以方便备战和维护，因此机枪上不能采用哪怕一枚螺钉，因为拆装螺钉很费时。那机枪的各个部件都是互相扣住的榫柾结构，到最后才由一根销子固定住，而要敲入一根销子只需二三秒钟。

8.4 观测人造卫星轨道的望远镜

说起人类想要掌握人造卫星运行的全部规律，还有一段有趣的故事呢！紫金山天文台的行星室曾一度被认为是最没有实用价值的基础理论研究室。你想，天文学家常年研究那种暗到用肉眼都看不到的小行星的轨道，有什么用？他们应用的天体力学也是没有用处的高级数学游戏罢了。紫金山天文台之所以设立行星室，是因为张台长是研究小行星出身的。但自从1957年苏联发射了世界首颗人造卫星后，人们才体会到，自己对人造卫星运行规律知识的了解竟大部分来自过去。但是就在中国卫星上天前一年，紫金山天文台还贴过一张大字报，上面写道：本人问过人卫观测组，你们在做什么工作？他们答，我们根据人卫位置预报组算得的外国卫星的预报位置进行实际照相观测，并将结果反馈提供给预报组。本人又问预报组，你们在干什么工作？答，根据观测组的实测误差改进我们的计算结果，并向观测组提供改进后的卫星预报位置。本人觉得这两个组只是在进行内部的互相循环服务，对别人根本毫无价值，不如撤掉算了。哪知该大字报仅出现了一年，那两个险被撤销的研究组就在发射我国首颗卫星中发挥了那么大的作用。

观测人造卫星轨道的原理

在设计一台专用于观测人卫轨道的照相望远镜前，首先要弄清人卫在飞过当地上空时的主要特点。这样，才能想出该用什么方法去观测它。

先以与人卫轨道类似的小行星绕太阳的轨道特点为例，请看图D。

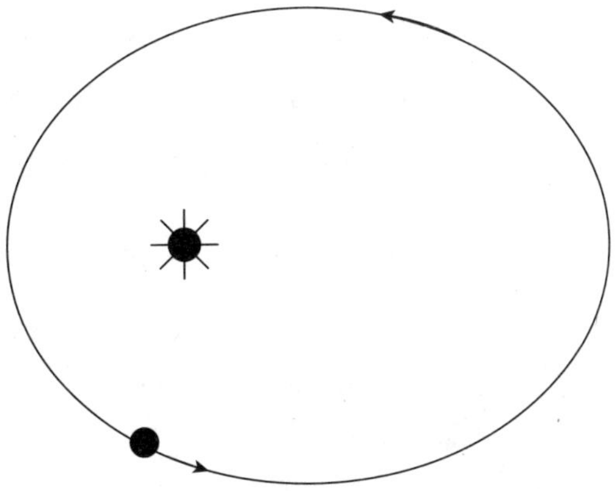

图D　小行星的绕日运动轨道

按照牛顿发现的万有引力定律，两个具有质量的物体间会有相互吸引的万有引力，而且引力还与两个物体间的距离有关。用数学可以证明，小行星绕太阳旋转的轨道是一个扁度不同且大小也不相同的椭圆。小行星在轨道上的运行速度并非一成不变，而是根据它离太阳的距离远近而改变的。天文学家利用那发展了200多年的天体力学知识，算出那颗小行星何时会走到什么位置，而且能达到很高的精度。至于小行星的位置，是靠测量它在星空背景（这个坐标参考系）上的位置来决定的，就像我们要决定地面上任一物体的位置时，同样是靠测量它在地球上的坐标来决定的。显然，人卫绕地球运行的情景就是行星绕太阳运行情景的缩小版。只是地球高空的稀薄大气会对低轨人卫的运行产生微小的阻力，从而使卫星的速度逐渐变慢。一般来说，当一颗人卫飞过当地（如南京市）的上空时，如在黑夜，但太阳光还能照到当地的高空，我们可以通过反光作用，用肉眼看到大的人卫，它呈一个小光点在夜空中慢慢前进，而小的卫星，因为太暗，我们只能借助天文望远镜才能观测到。依照人卫高度的不同，它们在天空上的视运动也会快慢不同。人卫飞过当地空域的时间在2分钟到几十分钟这个区间。

研究小行星轨道的天文学家发现，只要能测得某颗小行星在其轨道上（应相距较远）的三个位置和相应的时间，那么就可以算出这颗小行星的全部轨道根数，从而得到这颗小行星在任何时刻的位置。

图E表示了照相望远镜拍到的众星背景下的人卫像的运动光迹。

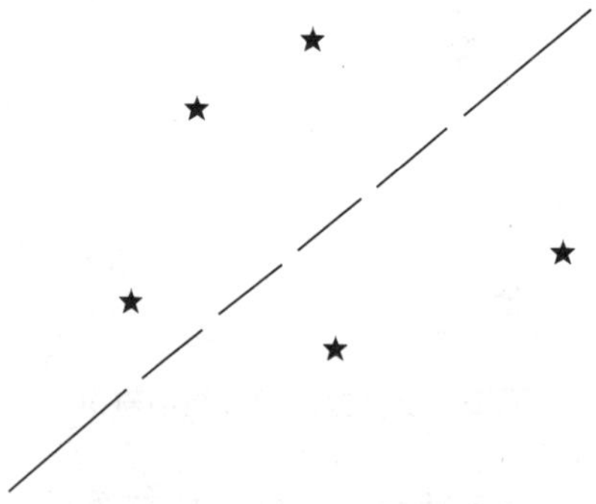

图E　照片上的人卫轨迹断口

光迹中的缺口是由照相机快门短期关闭而造成的。我们如记录下快门每次关闭的精确时刻，那么，我们就能从光迹上的相应缺口位置，得知那颗人卫在那个时刻在星空中的精确位置。如能照出几个缺口，那么得出的各位置的平均值就会有更高的精度。

在得知以上人卫运行的特点后，我设计的专用望远镜采用了如下观测方法：

① 观测准备：闭合望远镜的总电源，在镜筒内的转鼓上装 4 个底片盒，随即取下它们的保护盖，使底片处在待用状态。须知这个装底片的全部过程，只允许一只手伸入那直径达 70 厘米的粗镜筒，而且要摸黑操作。我想出了一个既巧妙又简单的方法，只需一个动作，就能让一个底片盒固定在其精确位置，以后也只需用一个动作，就可以取下底片盒，可以说这种方法达到了航空技术水准。

② 电动打开天文圆顶的天窗，并用操纵手把上的 4 个快动电按钮将镜筒转到正好指向预报的卫星出现的位置。

③ 在卫星出现的前两分钟看钟，在有大视场的低倍寻星望远镜中等候那人卫的出现。

④ 一旦那人卫在视场出现，就用手持操纵器上的(4 个中的)2 个按钮把望远镜的视场中心放到人卫运行的正前方。

⑤ 按一下那个唯一的动作按钮，它知道此时的任务是要立即打开望远镜筒前的大快门，以使底片开始曝光，从而拍下被镜筒准确跟踪的恒星点像。

⑥ 观测员在寻星镜中一看到那人卫进入视场，就立即按下那同一按钮，此时望远镜知道，应该让照相机的快门间歇关闭以给底片上的人卫光迹拍出几个缺口。当观测员在寻星镜内看到人卫已跑过照相区，他就可以放掉操纵按钮，使快门不再工作。

下面，观测员应再按一次同一个按钮，那时大镜筒前的大快门就会电动关闭。紧接着，他应再按一下同一按钮，以自动换上新底片。

⑦ 用手把操纵器上的两个快动按钮转动望远镜，以使那人卫能一直在寻星镜内。

⑧ 等那人卫在当地天空中已走了较大距离后，再开始对它进行重复的观测动作。

8.5 望远镜的斜轴系

按照常规，几乎所有的设计工程师都会把那望远镜的斜放主轴（轴上端有向下的负荷2吨）设计成图F所示的形式，因为那是手册上推荐的标准结构。

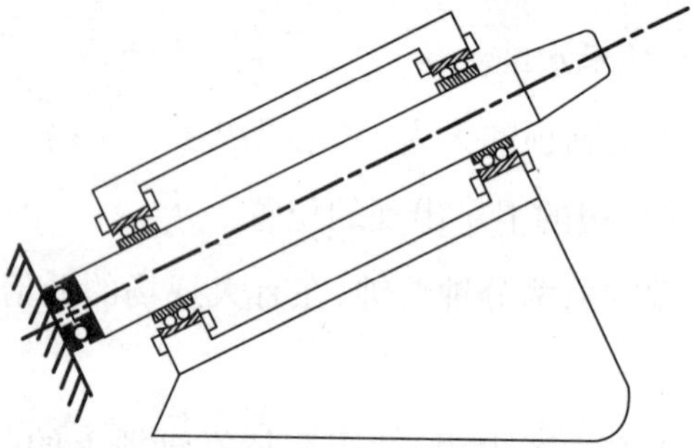

图F 经典的斜轴和轴承结构

图F中，斜轴的两端各装一个所谓的调心球轴承（图G），这种轴承的内圈相对于外圈来说，可以有几度的摆动，从而放宽固定两个外圈的两个圆孔的不同心度。至于主轴向左的轴向力，则由一个径向止推轴承来承受。手册上说，这种轴系的摩擦系数为百分之一至百分之二。至于为什么是这个值，一般是不说的。

但我曾从一本俄文译来的《工程力学手册》中看到，说一个精密硬钢球放在一个光滑的硬钢平面上滚动时，摩擦系数只有万分之二，即只有前述轴系的四十分之一。那么，教科书中说的滚珠轴承的摩擦系数较大，会是什么原因呢？经过思考后我发现，主要有两个原因：一是通常的滚珠轴承外圈为了不在轴承孔内晃动，都是被硬压进轴承孔的，以至于被压而稍微缩小了的外圈就会紧压其内的钢球，从而使轴承的摩擦系数剧增；二是因为两个轴承在它的端面上都被固定住了。这样就产生了所谓的“过定位”现象，特别是环境气温大幅改变后，主轴和底座的膨胀（或收缩）量的少许不同就会使轴承内本来只承受径向负荷的钢球也受到了不应有的轴向力（见图 G），这个轴向力对钢球产生的摩擦力也会大大增加轴承的摩擦系数。那么，应该怎样克服以上两个缺点呢？本人提出的改进方案示于图 H。

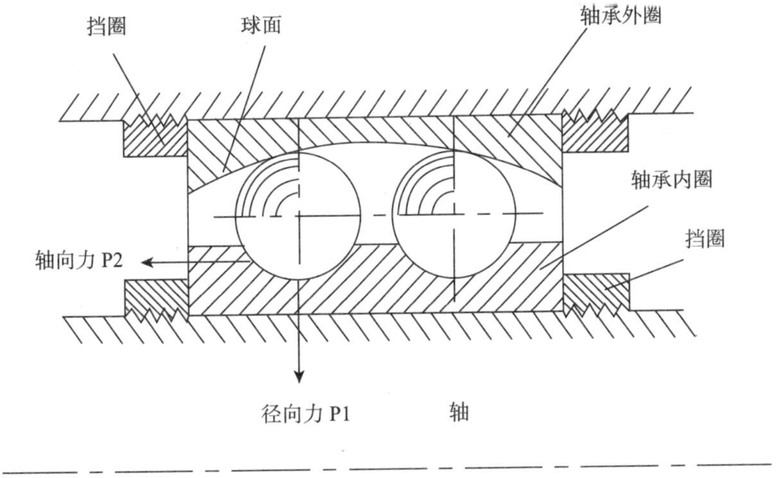

图 G　调心球轴承

图 G 表示了一般轴承内的钢球会受到的轴向力 P2，此轴向力因作用在斜面上，所以会显著地增加摩擦力。

在作者的设计（图 H）中，却采用了不会产生轴向力的滚柱（不是球而是短圆柱）。但是这种轴承是没有调心（外圈微转）功能的，不过可以在外圈外垫以两个小的铝薄片（图 I），利用铝薄片的微小变形来使轴承外圈略微摆动，以使主轴的另一端能恰好对准远方的另一轴承孔。由于薄片的厚度只有 1 毫米，所以它在厚度方向上是基本不会被重负载压扁很多的，因而这种方法是可行的。利用两个薄片来支撑外圈，不但能使只在单方向受压的轴承完全没有转动间隙，而且也允许前后两个轴承孔不必很同心，此外，还能完全避免孔压迫轴承外圈的可能。这个设计居然能起到一石三鸟的作用。

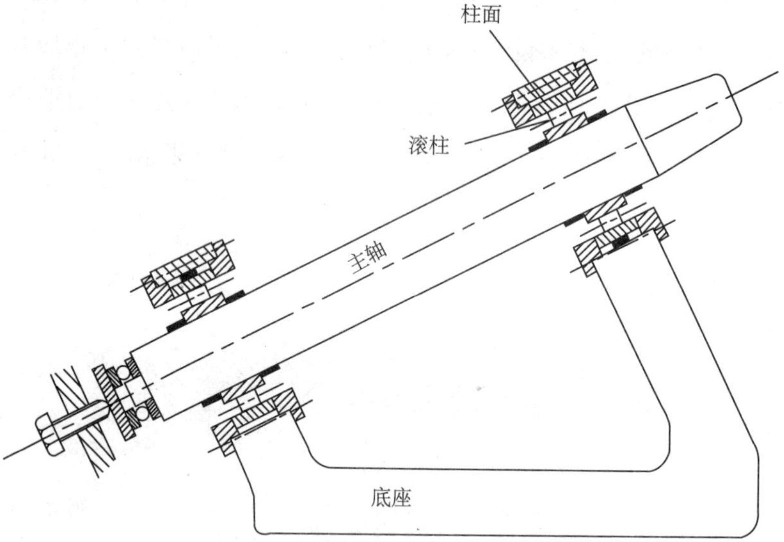

图 H　作者设计的低速轴承

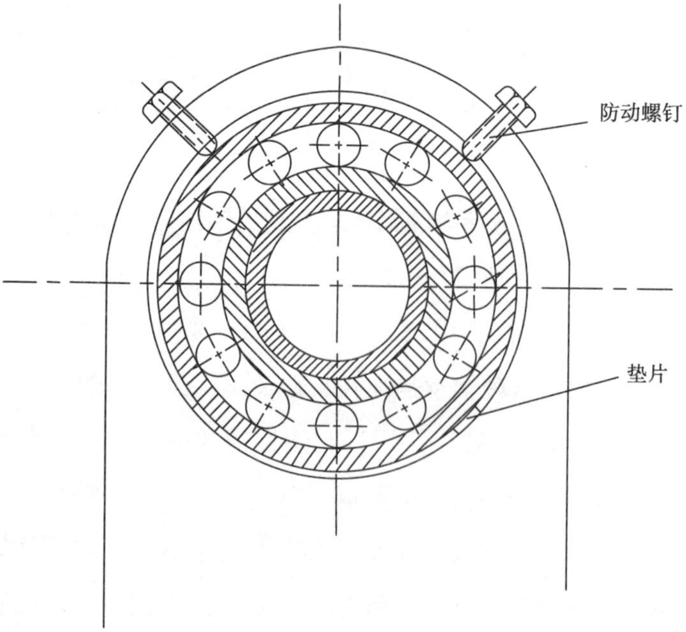

图 I

当这种新轴系用到高速转动的动力机械时，为了防止轴承外圈在大间隙里上跳，我们可以用两个调节螺钉来给外圈定位。“实践是检验真理的唯一标准”，我们实测的结果是：① 在导星镜的高倍目镜的观测中，这种轴系连 1 秒的间隙都没有；② 望远镜主轴的摩擦系数小到只有万分之四。虽然这个值已只有手册上的四十分之一，但还未达到极限值的万分之二，即还是大了一倍。我遂考虑其原因，后来发现，那个万分之二对应的条件是，钢球只是单边与相接钢件相碰，而钢球在轴承内受压时却是双边受力，那么两个万分之二不就是万分之四了吗？这说明，我设计的结构真的达到了理论的最佳值。10 年后，一篇美国论文说，他们新完成的一架大望远镜的主轴，其摩擦系数(也)达到了万分之四。

我在那次检测的 28 年后，在一次小会上介绍了那个轴系的优良性能。听众中有人不信，便与我一起上山实测，结果仍是万分之四！

8.6　张衡候风地动仪奥秘的破解

我在百度上看过国宝张衡地动仪的立柱验震原理后知道，在近 130 年，各国学者都研究过立柱验震，但他们无一人能实验成功，因此他们自然以为中国的历史记录有误。这让我产生了一个印象，立柱验震一定是个高不可攀的难题。但是，我仗着自己有较好的力学知识，再加上自己有几十年研制精密仪器的经验，在好奇心的驱使下，我开始研究起立柱验震的原理来，不料只经过短短三天，我已完全弄懂了立柱验震的各个原理。随后，我又花几个月请人加工了一套大型立柱验震装置，并做了仔细严格的实验。实践的结果证实了我的认识是完全正确的。从此，我就开始了与张衡地动仪的不解之缘。以至于有人戏称，你是张衡转世了。

8.7 立柱灵敏验震的力学原理

① 灵敏立柱能站住的条件。

立柱质心的重力矢量，必须在立柱着地面之内，或简称为立柱重心要在着地面之内。下面用图来说明。

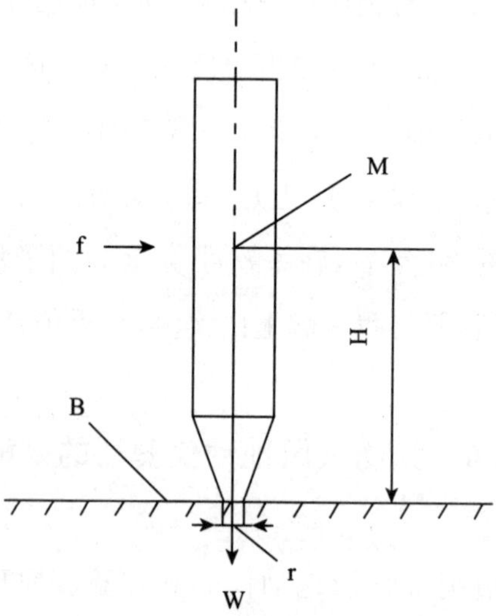

图 1　立柱能站住的力学条件

图 1 中，M 是立柱的质量中心，H 是质心离支承面 B 的高度，r 是立柱着地面（如它是圆面）的半径，W 是立柱的重量，即 mg，f 为要推倒立柱的外力。

由图 1 可看出，立柱质心 m 的重力矢量 W 如能处在立柱着地面的小圆内（不一定通过正中心），那么 W 不会对立柱产生倾倒力矩，这样的立柱就能站住。反之，如立柱底面不够平整或支承面 B 是倾斜的，那么这根立柱的重心矢量 W 就可能超出支承面，从而产生一个倾倒力矩，此力矩将使立柱倾倒。

如果立柱在质心处受到一个力 f，则在立柱支承面处会受到一个倾

覆力矩 $f \cdot H$，而立柱初倾后的恢复力矩是 $r \cdot W$。因此，当 $f \cdot H$ 小于 $r \cdot W$ 时，立柱并不会倾倒。但当 $f \cdot H$ 大于 $r \cdot W$ 时，立柱将发生倾倒。因此，立柱倾倒的临界条件就是 $f \cdot H = r \cdot W$……(1)。当立柱受地动而产生水平向的加速度 a 时，立柱会产生惯性力 $f = m \cdot a$，因此用 $m \cdot a$ 去替代(1)式中的 f 时，我们就得到 $m \cdot a \cdot H = r \cdot W$，此式可改写为 $a = \frac{r}{H} \cdot \frac{W}{m}$，由物理学我们知道 $W = m \cdot g$(此处 g 为重力加速度)，所以前式为 $a = \frac{r}{H} g$……(2)。(2) 式也表示了立柱的验震灵敏度。例如灵敏度为千分之一，则该立柱的验震灵敏度为 0.001 g，或(近似)为 1 gal。(严格地说，式中的 r 应取质心重力矢量与着地面边缘间的距离。)此外，作为比较，由实测得知，人对地震的感知灵敏度为 0.005—0.015 g。

显然，要使立柱能灵敏验震，其着地面必须是很小的，而且要是特硬的精确平面。另外，立柱的重心位置必须经过精确调整，以使其重力矢量能处在小底面之内。这种精确调准的最简单的方法是调节立柱下支承面 B 的倾斜程度。支承面 B 的微小倾斜变动，可以使立柱质心在(水平)二维方向也产生变动，从而使立柱的重心达到相应的位置。

很遗憾，以前的国内外学者也与常人的思维一样，虽对立柱的稳定性进行过力学分析，却未能分析到位，也未能重视立柱支承面的加工，难怪他们的灵敏立柱都站不住呢！他们更未对立柱的重心进行过精细调整，以至于他们那不太灵敏的立柱虽能站住，但其重心矢量并未精确通过支承面的正中心，而是偏在中心的一侧。那样的立柱一旦受到轻震，就会立即倒向立柱偏重的方位。由于他们每次使立柱站立时，方位都不重复，因此立柱就会各向乱倒。有趣的是，1972 年，日本人关野雄提出，立柱直径及其着地面应该是一致的，所以立柱越细，灵敏度就越高。他用力学证明，一根立柱的灵敏度如想达到 1gal 左右，那么该立柱就得细成一根长铜丝，显然长铜丝是站不住的。我国的学者却也认同关野雄的这一滑稽推论[2a]，还向媒体介绍说，关野雄从“理论”上证明了想用立柱来灵敏验震是不可能的。

他们的论文中，还研究了我国各朝各代建筑上用的柱子，指出凡立柱都很粗，因而当然不能灵敏验证[2b]。

对图1进行分析也可以得到以下重要推断，即如想震倒立柱，就必须使支承面B的水平加速度的运动幅度超过（或接近）立柱着地面的直径（2r）。因为如振幅太小（无论其加速度有多大），只会使立柱的向前倾向和向后倾向互相抵消。立柱那时会急速小幅度晃动，却不易倾倒。这个推论已有人实验过，他把中等粗的立柱放在振动台上，然后进行高频低幅振动，实验结果说，只有像唐山大地震震中那样强烈的地震烈度，才能震倒立柱。这个结论显然与人的常识不符。

② 立柱验震实验的简介。

将立柱地动仪模型放在一个能平动的底板上，然后用一个能变速的小电机，通过电机减速器和一个凸轮去轻推地动仪。通过控制震动（正弦式）的加速度和振幅，从而逐渐增大推动地动仪的强烈程度，然后记下立柱倾倒时的震动参数。

实验结果证明，立柱验震的灵敏度可达到0.001 g（已远比人的感觉灵敏），而且立柱的倾倒方向也确与地面来震方向一致。

近代地震学奠基人米尔恩首先发现，地震的震中产生的地动在经过几百公里的传播后，地动方向往往会发生很大的变化，所以这意味着，历史上张衡地动仪曾测准震中方向的那次测震事件只是巧合而已，很可能是那次陇西地震的水平S波在经过几百公里的不断变向后，又恰巧变回到它原来的方向了。

以上更为详细的论述，以及张衡地动仪的其他问题，如仪器外形、吐丸机构等可参阅专著[3]。

2013年11月，中科院自然科学史研究所和中科院南京天文光学技术研究所联合在南京召开了张衡地动仪复原的学术研讨会。与会专家一致认为，作者提出的立柱验震的原理是正确的，而且演示实验也是成功的。2016年11月，中国科学技术史学会召集国内包括南京大学、上海交通大学、中国科学技术大学、中国科学院大学、中国科学院南京天光学技术研究所、中国科学院测量与地球物理研究所、国家博物馆、北京天文馆古观象台、中国地震局与地球物理研究所等单位相关领域专家，在南京召开了对作者的“候风地动仪”的复原研究与实验成果进行学术鉴定的会议。专家组一致认可候风地动仪中的“都柱”应为立柱型而非悬挂摆型，这说明《后汉书·张衡传》中关于地动仪的记载是可靠的。该结果由中国科学技术史学会出具了正式鉴定意见书[4]。

参考文献

[1] 雷立柏(Leopold Leeb). 张衡，科学与宗教. 社会科学文献出版社，2000. 251—252

[2a] 冯锐，武玉霞. 张衡候风地动仪的原理复原研究. 中国地震. 第19卷第4期，2003

[2b] 冯锐，武玉霞. 张衡候风地动仪的原理复原研究，中国地震，第19卷第4期，2003. 364

[3] 胡宁生. 张衡地动仪的奥秘. 南京大学出版社，2014

[4] 中国科技史学会. 张衡地动仪的立柱型原理研究与实验成果鉴定会专家意见，中国科技史学会，2016

8.8 张衡地动仪的立柱型原理研究与实验成果鉴定会专家意见

中国科学技术史学会
Chinese Society for the History of Science and Technology
中国 北京 海淀区 中关村东路 55 号，100190
55 Zhongguancun East Road, Haidian District, Beijing, 100190, China
Tel/Fax: 0086-10-57552533 Email: zgkjs_xuehui@163.com

张衡地动仪的立柱型原理研究与实验成果鉴定会专家意见

东汉张衡创制的“候风地动仪”，是中国古代重要科技成就之一。对于张衡地动仪，已经有许多复原研究，关于其内部力学原理的复原方案主要有立柱型和悬挂摆型两种。

2013 年，原中国科学院南京天文仪器研制中心的胡宁生先生基于立柱型原理提出一种模型，并从理论与实验上同时证明了其可行性。鉴于地动仪的重要科学意义和社会影响，2016 年 11 月 26 日，中国科学技术史学会召集国内相关领域专家在南京召开了对胡宁生先生的“候风地动仪”的复原研究与实验成果进行学术鉴定会。与会专家听取了胡宁生先生的复原研究报告，观看了复原地动仪实验模型，并展开了热烈的讨论。与会专家意见如下：

1. 胡宁生复原地动仪采用的“立杆模型”，其理论分析解决了“乱倒”的问题，其实验模型的演示也说明立杆模型可行。这从理论和技术上说明“立杆模型”的合理性。专家组一致认可“候风地动仪”中的“都柱”应为立柱型而非悬挂摆型。胡宁生先生的工作从理论上和实验上肯定了立柱型模型的可行性，这对于地动仪的复原工作具有重要意义。
2. 胡宁生的复原方案，机械原理上是正确的，在汉代的技

中国科学技术史学会

Chinese Society for the History of Science and Technology
中国 北京 海淀区 中关村东路55号，100190
55 Zhongguancun East Road, Haidian District, Beijing, 100190, China
Tel/Fax: 0086-10-57552533 Email: zgkjs_xuehui@163.com

术上也是可行的，与《后汉书·张衡传》中的记载相吻合，说明《后汉书》关于地动仪的记载是可靠的。

3. 胡宁生先生所提出的地动仪模型是地动仪复原研究中的重大进展，但并不是这项工作的结束。对于地动仪的测地震方向等问题，还可做进一步探讨。专家组建议申请经费支持进行后续研究，并制作出基于此原理的1:1复原模型，以便更好地进行原理研究与展示。

附：鉴定会专家名单

中国科学技术史学会

2016年11月26日

中国科学技术史学会
张衡地动仪的立柱型原理研究与实验成果鉴定会专家名单

姓名	职称	单位	签名
孙小淳（专家组组长）	教授	中国科学院大学	
苏定强	院士	南京大学	
崔向群	院士	中国科学院南京天文光学技术研究所	
李强	研究馆员	国家博物馆	
高布锡	研究员	中国科学院测量与地球物理研究所	
胡维佳	教授	中国科学院大学	
关增建	教授	上海交通大学	
石云里	教授	中国科学技术大学	
肖军	常务副台长	北京天文馆古观象台	
王健	研究员	中国地震局地球物理研究所	

2016年11月26日

8.9 张衡在世界古代科技史中的应有地位

摘　要：从张衡在他的地动仪中成功地应用了立柱来验震一事可证明，张衡科技水平之高竟达到了1800年后有近代力学知识武装又有先进技术支撑的各国学者望尘莫及的程度。由此作者提出，古代的科学家中，科技水平最高的是我国的张衡，而科技成就最大的是希腊的阿基米德。

关键词：张衡，张衡地动仪，立柱验震，阿基米德。

1. 前言

世界古代科技史的年代指的是2000年前的公元初年的前后几百年之间，在那之后的1000多年，世界科技几乎没有重大进展。直到公元15世纪左右，欧洲发生了文艺复兴之后，科技才随之发生了革命性的进展，并相继出现了多位伟大的科学家，如哥白尼、伽利略、牛顿和达尔文等。之后，大科学家不断涌现，如马克思韦、爱迪生、爱因斯坦和霍金等。

世界古代最享盛名的科学家有阿基米德和托勒密等。本文将对张衡与阿基米德进行比较。

2. 张衡的科技成就

张衡(78—139年)极其博学多才，他是世界科技史上罕见的兼具科学和文学的通才。在科学成就方面，张衡著有《灵宪》这一天文著作，其中，他已认识到月光其实是日光的反射光，他也有自己的天地观，还发明创造了能比较准确地演示天象的漏水转动浑天仪。张衡在数学和地理上也有贡献，他在科学、哲学和文学上共有著作32篇，文学著作则以《东京赋》和《西京赋》最为著名。在精密机械学方面，张衡尤为专长，他发明创造了候风地动仪、指南车、自动记里鼓车和前述的漏水转动浑天仪。值得重视的是，文献中还提到，张衡曾造过一种能飞行数里的木鸟，如真是那样，张衡还是世界航空之父了。作者认为，张衡是可以用轻木料和绸布造出一架小滑翔机的。那架无动力的滑翔机可以借风筝升到高空(或悬崖上)放飞,这样滑翔机在遇到上升气流后,就会像老鹰一样滑翔数里。

20世纪中国著名的文学家、历史学家郭沫若对张衡的评价是:"如此全面发展之人物,在世界史中亦所罕见,万祀千龄,令人景仰。"

尤其是近年来张衡地动仪在历史上的沉浮经历最能代表张衡的科技水平,为此阐述如下:张衡地动仪在132年被造好后,在当时的首都洛阳工作了几年,到139年张衡去世后就没有了下落,很可能是退役后的地动仪被融化了而铸成了铜钱。

《后汉书·张衡传》中的地动仪直到1886年,才出现在英国人约翰·米尔恩(John Milne)写的《地震及其他地球运动》一书中[1]。之后,张衡地动仪就受到国际地震学者的注意。米尔恩依据《后汉书·张衡传》中记录的张衡地动仪中有一根都柱的说法,认为张衡地动仪是用立柱来验震的。因此,米尔恩试验了用立柱来灵敏验震,结果他未能成功。于是米尔恩就认为,张衡地动仪只有采用悬柱(摆)才可能成功。

20世纪上半叶,日本多位地震学家也做了用立柱来灵敏验震的实验,但都未成功。他们发现,对灵敏的立柱,根本就无法使它立住,而那些不够灵敏又能被立住的立柱在受震后,又会各向乱倒,即并不总是倒向来震方位。

日本关野雄写了一篇论文,他认为立柱越细就越灵敏,而且如要比人还灵敏,立柱的直径就只有立柱高度的1225分之一。这样的立柱若高2450毫米,那么立柱的直径才2毫米,显然这么细而高的立柱是绝对不能站住的。之后,我国的地动仪研究者也持这种观点,并说立柱在理论上就不能验震。

根据冯锐的文章[2],从1969年起,国际上出现了几篇对张衡地动仪措辞严厉的文章。奥地利学者雷立柏在归纳了那些国外意见后,在他用中文写的书中写道:许多中文书都赞扬了张衡地动仪。它能成为华夏科学家创作力的模范和象征的原因,主要是因为他的地动仪被视为"国宝"

和“国粹”。但张衡地动仪没有一个精确的理论伴随它，因此地动仪更多地象征着中国人的向往而并不是代表一个完美的现象，它是华夏科学停滞特点的典型表现[3]。

之后，国内网站上也出现了大片对张衡地动仪的质疑声。中国知名打假人士方舟子不止一次地说，张衡的立柱验震连1800年后由近代力学知识和近代技术支撑的科学家都做不出来，张衡地动仪还可能是真的吗？

由于张衡地动仪在我国几代人中都是引以为荣的，而且它还是国家地震局的局徽，现在地动仪遭到了国际性质疑，国人岂能坐视不理，于是地震局于2004年成立了有九个单位参加的张衡地动仪科学复原研究课题组，以证明《后汉书·张衡传》中的记载是对的。但该组在工作了几年后，也经历了与国外同行一样的失败，只好同意了国外的观点，说张衡地动仪不能用立柱验震。之后，该组设计制造了几台摆式的张衡地动仪[4]，并通过媒体做了大量报道，他们还在几个地方（如科技馆）长期地展出了错误的摆式张衡地动仪。国内某公司还宣布，他们将制造1000台小型的摆式张衡地动仪，以推向国内外。

作者于2013年在理论上和实验上都证明了张衡地动仪用立柱来验震是可行的，并在2014年出版了《张衡地动仪的奥秘》[5]一书，可是此事并未受到国人的注意。中学教科书中的张衡地动仪的内容因为以前受到质疑而被删，且连张衡的其他事迹也一并被删了。错误的摆式张衡地动仪仍在科技馆中展出。为了使纠正上述错误有所依据，中国科技史学会于2016年11月为张衡地动仪的立柱验震的正确性破例开了一个鉴定会，并写出此原理是正确的专家意见。这样，就为张衡地动仪正式恢复了名誉。

作者体会到，一位学者要想用立柱来成功灵敏验震，那就必须闯过以下三道难关：

第一道难关是，该人必须对立柱验震的几个关键力学机制有透彻的分析和了解，而且他还不能用到牛顿力学，因为张衡时代还没有牛顿力学;第二道难关是,他必须具备扎实的精密机械学的知识,这样他才可能设计出正确巧妙的立柱着地面的结构和地动仪的置平方法;第三道难关是,他还必须有精密仪器的制造技巧以及高超的调试技术和经验。所以,即使是具有很高科技水平的地震学开山鼻祖米尔恩,即使是他已发明制造出了灵敏测震的仪器水平摆,但他也仅能闯过第一道难关,因为对立柱着地面结构的技术要求比水平摆的更高。在米尔恩之后的研究过立柱地动仪的各国学者不客气地说,他们中没有一人具有能闯过三道难关的能力,难怪他们都不能成功。

1800 年来,世上只有张衡一人能成功地用立柱来灵敏验震,这正充分体现了他那洞察事物的深邃眼光、分析推理的高超能力以及解决技术难点的过人技巧。这真是能使方舟子等人大吃一惊的事情——张衡的科技水平竟达到了让 1800 年后的各国学者都望尘莫及的程度。

在世界科技史上,似乎还找不到像张衡地动仪这样能难倒 1800 年后各国学者的例子,即使是爱因斯坦那极度高深的相对论刚出现时,世界上也有几个人能懂。所以作者的结论是:在全人类的科技发展史中,科技水平最高的应是张衡,而取得科技成果最大的当属古希腊科学家阿基米德(前 287—前 212 年)。限于篇幅,本文就不介绍阿基米德的成就了。

值得一提的是,近来有人对阿基米德的两项科技成就提出了质疑。第一项质疑是,传说阿基米德曾设计制造过一台能吊起整艘敌船的庞大起重机,该机器能吊起敌船再将其摔碎。但分析以后觉得,阿基米德时代尚无能力用金属来制造大型起重机,而要用木材制造那么大的起重机是不大可能的,且要开动那大起重机也是人力或畜力所不能胜任的。况且,敌兵会让别人去捆他们的船吗?其实要破坏一条船很容易,只要在船底凿一个洞就可以了,或者放一把火把船烧掉就行,大可不必兴师动众把船摔碎。第二项质疑涉及阿基米德的代表作,即他曾让全城妇孺和老人手持自家的铜镜,一起反射阳光去照射带头的敌船,结果那敌船就被点燃了,只好落荒而逃。事后,罗马统帅马塞拉斯还苦笑着说,我们整个船队和阿基米德一人作战，但我们败给了他的智慧。然而作者在 2015 年分析和计算后发现，那个烧船事件是不可能的，因为即使用几百面效率更高的现代平面镜集中将阳光照射到一处，其温度仍达不到木头或帆布的起燃点[6]。之后作者查到 2006 年美国有一电视节目说，美国已做过几次用多面镜子来点燃木板的实验，然而都未能成功，因此可知，流传了 2000 年的阿基米德用镜子点燃敌船的故事纯系后人杜撰。此事无疑会给阿基米德的科技水平带来不利的负面影响。更有戏剧性的是，原来被贬低的张衡地动仪却被证明成张衡科技水平非常之高，竟达到了 1800 年来各国学者都难望其项背的程度。因此作者说张衡是古代科技水平最高的人，确实是恰如其分的。

参考文献

[1] *John Milne. Earthquake and Other Earth Movements. D. Appleten and Company. New York.* 1886

[2] 冯锐等. 张衡候风地动仪的原理复原研究. 中国地震. 第 19 卷第 4 期，2003. 358—376

[3] 雷立柏(Leopold Leeb). 张衡，科学与宗教. 社会科学文献出版社，2000. 251—252

[4] 冯锐等. 张衡地动仪的科学复原. 自然科学史研究. 第 25 卷增刊. 2006

[5] 胡宁生. 张衡地动仪的奥秘. 南京大学出版社，2014

[6] 胡宁生. 趣味力学现象. 江苏凤凰教育出版社，2016. 109

8.10 自行车不倒原因的实验

本书所述的几个世界级难题，有些是可以用简单的实验来证实的。如关于自行车的，我们不妨亲自做一下以下实验：

先将自行车的车把固定以使它不能转动,为之可用两根多股绳把车把的左右外端与坐垫下的立管绑紧(最好再加一根横向的绳,使左右两根绑绳拉紧成“A”字状)。然后,骑车人以中速蹬车前进,并努力摆动上身以使车不倒。一般不需几秒钟,那自行车就会倒向随车的保护人。

这就证明了:自行车轮的陀螺定轴性效应及摆动的人体都不能防止自行车倾倒。

相反,如果拆除绳子,恢复车把的自由转动,那自行车就能不倒地正常行驶。

8.11 实验立柱确是可以验震的

由于不易找到合适的立柱来做实验,所以我们可用常见的塑料瓶来代替立柱做实验。

我们可将装满水的塑料瓶倒立在桌上的一本硬壳书之上。这时,塑料瓶的重心会落在瓶盖的着地(书)面之内,所以塑料瓶应能站住而不倒。然后,人用双手以中速推那书前移约 2 厘米,由于瓶盖跟着书前移了,而瓶体上部有惯性而不前移,这样塑料瓶的重心矢量就落到了瓶盖范围的后边,于是那塑料瓶就倒向了推书的力的方向。这也说明,立柱的倒向是指着地动的来向的。

至于那些学者的实验结果都说立柱受轻震后只会各向乱倒,历经了130 年,仍没一人能解释其原因。这个高深原因,今天你却可以轻易找到,方法如下:你可在那塑料瓶的一侧捆上一二十个(用纸将之包在一起)硬币,以使那塑料瓶有了偏重,然后将那塑料瓶勉强站立在书上。这时,你向前“轻”推该书,那塑料瓶就会倒向有偏重的方向。之后,你再把有偏重的塑料瓶从各个方位站立在书上,当你再轻推那书时,那塑料瓶就会倒向相应的各方,好像在各向乱倒了。有趣的是,各国学者连立柱会各向乱倒的原因都找不到,难怪他们都不能用立柱来验震了。

8.12 实验“阿基米德用镜子点燃敌船”是否可行?

有一个讲了2000年的传说:阿基米德曾令某小城的老弱妇幼拿上自家的铜镜一起到海边,然后将各自的镜子对着太阳,以把阳光集中照到领头敌船的一处,从而使该船起火,敌船队见状后落荒而逃。为证实此说法是否可行,物理老师可请上百名学生各持一面镜子于晴天在操场上集中照射一块木板,看它能否被点燃?